红色记忆® 2

忘不了的长征路

海南省文化交流促进会　编

南海出版公司
2011・海口

图书在版编目（CIP）数据

红色记忆·第 1 辑·2 / 海南省文化交流促进会编．
—海口：南海出版公司，2011.1（2025.1 重印）
ISBN 978-7-5442-5133-4

Ⅰ．①红… Ⅱ．①海… Ⅲ．①革命传统教育—中国—
青少年读物 Ⅳ．① D642-49

中国版本图书馆 CIP 数据核字（2011）第 000613 号

HONGSE JIYI·DI 1 JI·2
红色记忆·第 1 辑·2

作　　者 海南省文化交流促进会
总 策 划 刘　栋
顾　　问 贾延岩
执行总编 任在齐　张　桐　张爱国
责任编辑 聂　敏
责任校对 刘世财
文字录入 张　良
封面设计 郑广明
制作印务 曾科文
发行总监 杨成春
出版发行 南海出版公司　电话：（0898）66568508　66568511
社　　址 海南省海口市海秀中路 51 号星华大厦五楼　邮编：570206
电子信箱 nhpublishing@163.com
经　　销 新华书店
印　　刷 天津睿意佳彩印刷有限公司
开　　本 787 毫米 ×1092 毫米　1/16
印　　张 6.25
字　　数 100 千字
版　　次 2011 年 1 月第 1 版　2025 年 1 月第 2 次印刷
书　　号 ISBN 978-7-5442-5133-4
定　　价 39.80 元

序

对历史无知的人，没有真正的信仰可言；没有信仰的人，不可能拥有美好的理想，不可能胸怀崇高的情感，也就不可能担负起任何责任。用欲望文化代替历史教育，足以使一个国家的青年被腐蚀、使一个民族的希望被毁掉，使这个国家和民族被永世万代地奴役！

鉴于此，我们呼唤历史，唤回那段属于二十世纪的“红色”历史，唤回那段炮火硝烟、颠沛流离的历史，唤回那冲天的狼烟留下的悲壮回忆、岁月年轮沉淀的斑驳痕迹。历史不应该被忽略，更不应该被遗忘，牢记那段革命战争年代的红色历史更是责任。为了那些不应该被忘却的记忆，为了那些不应该被丢弃的信念，于是就有了这套《红色记忆》丛书。

曾记否，当草鞋与意志丈量出来的两万五千里穿越一个伟大民族五千年的荣辱兴衰，革命的火种被一路播撒、一路点燃。人迹罕至的雪山、荒无人烟的草地被鲜血浸透，衬映出一段光辉的里程；万水千山早已被远远地抛在身后，一轮红日在黄土高原磅礴而起。满目疮痍的河山在1936年10月温暖如春……

曾记否，当生命和鲜血浸染的十几年光阴将一种记忆铭刻进一个伟大民族的历史画卷，革命的火焰从星火到燎原。这栏杆拍遍、易水悲歌般的呼号，这折戟沉沙、慷慨赴义的悲壮，这铁马冰河、枕戈待旦的苦战，这红旗漫卷、所向披靡的豪迈……腔腔热血、铮铮铁骨早已被熔铸成一座不朽的丰碑，中华民族从苦难中百死后生的壮丽诗史凝结成了五星闪耀的红色记忆。

曾记否，中华人民共和国成立以来，又有无数英烈接过前辈用鲜血染红的旗帜，或壮怀激烈戍边卫国，或忠于职守鞠躬尽瘁，或绝甘分少奉献大爱，甘做国家强盛、人民富裕的铺路石，成为和平年代民族复兴的荣光，把人民心中的红色记忆浸染得分外鲜艳，永不褪色。

这红色记忆，是信念不衰、志向不改的崇高气节；这红色记忆，是无私无我、生属苍生的博大胸怀；这红色记忆，是敢为人先、披荆斩棘的拓荒精神；这红色记忆，是中华民族最宝贵的精神财富。它告诫我们，人事有代谢，传承无绝期。缅怀先烈精神，继承先烈遗志，是社会的道德和民族的良心，是后来者须臾不可忘怀的本分。

老一代人把历史的真实交付给我们，我们有责任用真实还原历史，传承给下一代，把那段岁月与现在年轻人的生活连接到一起，使他们眼中的历史变得立体、真实、可靠，让历史成为他们前进的动力。本丛书将那些流动的、随时会飘散在时间天际的事件凝固下来，希望透过这些文字、图片，感受到英雄们那坚定的革命信念，感受到那个年代澎湃的革命激情，真切体会那段“红色历史”。

忘记历史，就意味着背叛。让我们重温历史，缅怀先烈，从中汲取力量，毅然前行。

刘栋

目录 CONTENT

目录 CONTENT

忘不了的长征路

文/瞿道文

我的老家在四川省达县（今达州市达川区）罗江口区魏兴乡北场二村。我自幼家境贫寒，家里全靠父亲帮工、当挑夫为生。我家住在路边，晚上也兼做旅馆生意，补贴点家用。父亲性格开朗，虽然自己不认识字，但还是省吃俭用送我们兄弟三个念书，所以我也读过两年小学。

1932 年红军到了四川，解放了我们家乡，经全乡人民大会选举成立苏维埃政府。由于我们兄弟三人都有些文化，革命觉悟也不低，大哥瞿道生当选为乡委员会秘书长，二哥瞿道成当选为赤卫军大队长，我当选为儿童团长。后来二哥率领一百三十余人集体参加中国工农红军，任红三十军八十八师师部交通队长，在邱家堡战斗中牺牲了。我的大姐瞿道静是红军总医院的看护员，在长征途中过草地时，遭到敌人的骑兵袭击后牺牲。

雪山草地可不是容易过的。我爬过两座雪山，其中一座叫棒里山（音译），山上几乎没有树。爬到了一个有树的地方，想休息一下，就看到路上横七竖八都是红军战士们的尸体，有的坐着，有的躺着，有的抱着枪靠在树上，他们都是一歇下来就再也没有醒来。山很难爬，越往上空气越稀薄。有个同志好不容易爬到山顶，很兴奋，高呼一声“胜利万岁”，可叹的是他话还没说完，就因缺氧倒下去牺牲了。山上天气变化很快，刚看到一点云彩，一会儿冰雹就下来了，把战士们的脸都打肿了。下山也很难，一步一步慢慢走不能太快。

过草地也相当艰难。茫茫草地，一望无涯，没有人烟，也没有吃的。我们一共走了四十二天才穿越整个草地。途中饥饿难忍，有的同志看到青草，就摘来拿开水烫了吃，可是有些草是有毒的，人吃了很快就中毒而死。草地上根本就没有路，后面的人得踩着前面的人脚印，一步步向前。一不小心掉进泥潭，人就慢慢陷下去了，越动陷得越快，有的同志就是这样牺牲的。有的同志陷入泥潭后一动不动，把手撑开等待救援，其他同志把绳子扔过去，然后慢慢地才能把他拉出来。

草地上气候无常，时雨时雪，还有毒气。记得有一次，我们晚上在草地上过夜，找了个略微隆起的土丘上扎了帐篷，有的同志就睡在里面。第二天早上，大家收拾好都准备出发了，却发现少了一些人，于是吹号集合，唯独那个帐篷没有动静。派人前去一看，那些睡在里面的同志都已经中毒牺牲了。还有一次，在一条河边，同志们途中休息，集合的时候又发现少人了，过去一看，很多同志都坐着牺牲了。草地里环境很恶劣，有些地方上千年来人迹罕至，植物长了枯、枯了长，层层叠叠，瘴气弥漫，置身其中极易中毒。

就这样一路走来，冻死的、饿死的、毒死的……非战斗减员太厉害了。很多同志不明不白就牺牲了。今天革命胜利了，我们永远也不应该忘记这些在长征途中牺牲的同志。

红军过草地时吃过的皮带

红军女战士靠“四宝”过草地

文 / 叶心瑜

1935 年的松潘大草地，是阴雾弥漫、水草丛生、方向难辨的一片泽国。然而，长征途中，许多红军女战士，却神奇般地走出了草地。她们靠的就是脸盆、棍子、牛皮、铁针这四件宝。

脸盆。既可用来洗脸、洗脚，又可用来煮饭煮菜；既可戴在头上遮挡风雨，又可以反扣在湿草地上当凳子；脸盆还是交通工具，坐在上面，往坡下滑去，省力又省时。长征途中，女战士为了减轻负担，会逐渐扔掉一些东西，但破旧不堪的脸盆总是舍不得扔。

棍子。草地行军时，用它当扁担，可以挑着东西走路；用它当拐杖，可试探道路的虚实和水坑的深浅，如有人不小心陷进泥潭，还可用它把人拉上来；晚上宿营时，可以用它来搭帐篷；用两根树枝绑在棍子上，上面搭块布，就是一把大雨伞。

牛皮。断粮时，女战士们就把随身携带的牛皮制品切成小块，和着野菜一起煮着吃。不到断粮时，战士们是舍不得吃牛皮的。牛皮也是很好的御寒物，可以挡风雨、暖身体，还可以用它来做鞋子、带子、挂包等。自制的“皮鞋”走起路来，比光脚好多了。

铁针。长途行军，战士们的衣服已经穿得破旧不堪。进入草地后，许多战士的衣服、鞋袜更加破烂了。有了铁针，女战士就可以用灵巧的手缝补好战士们的衣服、鞋袜，使战士们能更好地抵御草地的严寒。铁针成为女战士随身携带，小心保护的珍品。为了保护好铁针，女战士们还专门开会规定，谁丢失或弄断了铁针，就要受处分。

姥爷全家参加八路军抗战

文/周湘林

在纪念抗战胜利60周年时，领导给八十多岁的母亲颁发了一枚金光闪闪的中国人民抗日战争胜利60周年纪念章。在母亲记忆的长河中，抗战的那段经历是让她难以忘怀，刻骨铭心的。

母亲姓刘名汝，是河北沧县人。1937年卢沟桥事变爆发后不久，不堪忍受日军的欺侮，不甘心当亡国奴的姥爷和他的兄弟（二姥爷）一起参加了八路军。当时，姥爷在一二〇师负责接送新兵，在冀中把一批批热血青年送到了部队。

1939年初，姥爷回到家乡，把我那当时才十二岁的舅舅、他唯一的儿子送到了部队。姥爷再次回到家乡接兵时，遇到了敌人的“扫荡”。

姥爷带着全家人逃到外乡去躲避。在一个漆黑的夜晚，突然村头传来一阵锣声，有人大声喊着“日本鬼子进村了”，村里的人都纷纷躲了起来。经好心的老乡提醒，姥爷与我母亲藏身在夹墙缝里总算躲过了一劫。事后，姥爷说：“不把日本鬼子赶出去就不得安生，能参加八路军的就都跟我走吧！”就这样，姥爷把母亲和姑姥姥带走了。当时母亲十六岁，姑姥姥二十来岁。为了躲避日军，姥爷专拣没人走的小路，有时一天一夜就走一百多里路。几天后，他们终于来到了部队驻地。在那里，母亲见到了比她早参军半年多的舅舅。舅舅这个当时才十二岁的孩子，穿着大人的衣服，一直拖到膝盖，

脸又黑又瘦，使母亲不由心疼地抱着舅舅哭了。

母亲、舅舅和姑姥姥都被安排在一二〇师特务团战胜剧团。那时姥爷是副营长，二姥爷是营里副官，一家五口人都在八路军的部队里。

儿女们出去抗日，家里却遭了劫难。1940年初，日军来村里“扫荡”，用刺刀逼迫母亲的爷爷，要他交出参加八路军的亲人，日军放狼狗扑到老人的身上连撕带咬，几天后老人便含恨而逝。

老人去世时，母亲她们正在山西交城、文水一带山区跟着部队打游击。母亲她们是部队剧团的成员，剧团里百十来人，基本上都是十几岁的娃娃。部队走到哪里，他们就到哪里宣传演出。

那时候，才十几岁的孩子经常跟着部队白天黑夜行军，有时累得实在是走不动了，真想坐下来睡一会儿，但谁也不敢坐下来休息，怕掉队。母亲怕掉队，就把洗脸的白毛巾系在前面战友的背包上，眼睛紧紧地盯着一走一晃动的白毛巾，一步也不敢拉下。

有一次，敌人“扫荡”已经好几天了，部队夜晚经常露宿山头。连续几天的行军，母亲累得实在走不动了，就只好拉着马的尾巴，让马拖着自己走，到目的地时她的双脚已经磨得血肉模糊了。

说起抗日的经历，母亲常说自己有“三会”，那就是会骑马，会打枪，会唱歌。母亲常说，当年她有只巴掌大的小手枪，每到行军时，剧团领导总会说“有枪的在前面走”。母亲就会掏出别在腰上的小手枪，勇敢地走在部队的前面。

那时剧团的主要任务是演出，平时跟着部队走，一个战役下来，部队要进行休整，补充新兵，剧团就到各连队去演出。就地取材，借老乡的木板搭个台，把汽油灯一挂就开始演出了。母亲和舅舅都是歌舞组的成员，母亲还是合唱团的成员。抗战歌曲《黄水谣》《我们在太行山上》《在松花江上》等，直到今天她还会情不自禁地唱起来，不走调，不忘词。

1941年冬，姥爷在一二〇师任副官处副处长。有一天，一二〇师师长贺龙在部队驻地随便走走看看，来到姥爷的住处，一掀门帘，看见姥爷一家人都在，就高兴地说：“啊！刘家一大家子团聚了。”当时，我们刘家一大家子都参加八路军抗战，在部队被传为美谈。

抗战胜利六十周年时，我们刘家这个当年全家参加革命的大家庭，活着的人中有四位亲人获得了纪念章。他们是：一百零三岁的姥爷，母亲，还有舅舅和姨父。曾是一二〇师某团团长的姑姥爷在一次强行突围的战斗中牺牲了。中华人民共和国成立后，姑姥姥回乡务农，她放弃了一切待遇，当了一个普通的农民。

中国人民抗日战争胜利60周年纪念章

20世纪30年代就投身革命洪流的母亲多次被评为先进家属，受到奖励。我的父亲周则盛，一位1928年参加革命、经过长征的老红军，九泉之下得知这些也会高兴的。

黎明书局曾于1938年1月1日出版，史诺（即斯诺）著、汪衡译的《二万五千里长征》

1939年《西行访问记》初版

长征精神永远激励后人

文/范征夫

1937年12月，日军侵占我的故乡扬州后，为了不做亡国奴，我投身于党领导下的一支抗日游击队，打击侵略者。在那里，我第一次听到了有关红军英勇作战、官兵平等和优待俘虏等故事。于是，我向往延安，准备报考抗日军政大学。1938年秋，我只身来到上海。在书摊上我看到了斯诺的《二万五千里长征》及他夫人尼姆·威尔斯的《西行访问记》，我如饥似渴地阅读完了这些书籍，书中的一个个故事使我对中国工农红军及其许多将领不胜敬仰，对红军长征中惊天地泣鬼神的英雄壮举，非常感动。由于去延安未成，我于1940年到江南参加了由在南方坚持八省游击战争的红军改编的新四军。当时，我受到许多老红军的教育，听他们讲四渡赤水、飞夺泸定桥、爬雪山、过草地等战斗故事。他们为了北上抗日，为了人民解放，那种一不怕苦、二不怕死，革命到底的精神，成为我一生学习的光辉榜样。

1943年，日军在江南发动第四期“清乡”，我所在的丹阳县（今丹阳市）首当其冲。当时形势非常紧张，日

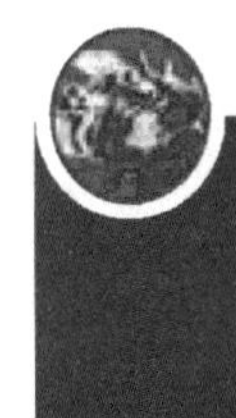

军在两次大“扫荡”后，在丹阳县设下十多个据点，驻有日军两千多人，还有大批伪军特务。丹阳县周围被竹篱笆封锁，日军每天下乡“清剿”，凡是新四军住过的地方，他们都采取“烧光、杀光、抢光”的三光政策。我军主力于“清乡”前已撤出“清乡区”，我这个二十三岁的年轻党员被留了下来，任太平区区长兼武工队队长。当时，连我共有七名战斗人员，上级交给我的任务就是“反投降、反特工、反封锁”，等时机成熟，配合主力部队消灭据点内敌人。地委书记问我们有无信心和决心，我说：“只要我们不牺牲，共产党、新四军的红旗一定会高高飘扬。”县委书记还以红军长征精神及坚持三年游击战争的经验勉励我们，要我们相信群众、依靠群众，坚决战胜凶恶的敌人，克服一切困难，取得反“清乡”斗争的胜利。

根据上级指示，我们开了党小组会，分析形势，决定对策，认为敌众我寡，只能智取，不能力敌。在敌人疯狂“清剿”期间，我们作出了三条规定：（一）不进村庄；（二）不住民房；（三）不吃民食。严防被日军发现，以免民房被毁、群众遭到日军屠杀。

在那最紧张、最艰苦的日子里，我们只能昼伏夜行，睡在坟头、土地庙内，吃的是芦苇根和野菜，真有饥寒交迫之感。但我们一想到红军长征路上走过万水千山，吃皮带、草根，天上有飞机轰炸，地上有敌人追杀，而我们这点艰苦、危险又算得了什么？！正是由于红军长征精神和坚持三年游击战争的经验鼓舞我们，使我们人人意志坚强，斗争坚决，捕杀了一批汉奸特务，伏击了下乡骚扰的伪军，开展了强有力的政治攻势，制止了伪化的蔓延，并配合主力，打下了敌伪“清乡”指挥中心延陵据点，歼敌二百五十余人，最终取得了反“清乡”斗争的胜利。

伟大的红军长征已过去七十多年了，今天使我们这些老战士深感欣慰的是，许多年轻人重走长征路，有关红军长征的红色书籍十分热销，在长征展览会上，人流涌动，这一切说明红军长征精神永放光芒。红军崇高的革命理想，一不怕苦、二不怕死，群众利益高于一切，团结友爱等精神将在一代又一代青年人心中开花结果。应该说，红军长征精神永远不会过时，它将会随着时代的变化，不断得到继承发展，更加弘扬光大，成为我们建设富强民主、文明和谐的社会主义现代化国家的强大精神动力。

我陪奶奶给新四军送药品

文/陆　明

至今我每每回忆起烽火连天的抗日战争年代，奶奶带我闯过敌伪封锁线的情景，仍然心潮起伏。

抗日战争时期，我家住在上海市虹口区虬江路。1941 年，新四军派人来我家设立了一个联络点，父亲为他们转运物资，奶奶和小姑妈帮助做联络和掩护工作，连我这个毛孩子也参加了进去。

那时，新四军部队药品短缺，要把药品、医疗器械从敌占区送往解放区是很困难的。为了完成党组织交给的任务，1941 年和 1944 年，我曾两次陪同奶奶在交通员带领下，到新四军部队送药品。我们祖孙两代，一老一小像走亲戚似的，不易引起敌人的注意。在上海，临出发前交通员对奶奶讲："过敌伪封锁线时要沉住气，不要惊慌，要装着若无其事的样子。"记得有一次过敌伪封锁线时，敌人查得很严，眼看要轮到我们，奶奶就狠狠地拧了我一下，我痛得号啕大哭，敌人嫌烦说："快走，快走。"我们一溜烟地脱离了"鬼门关"。有时要过渡口，渡口上人多船少，拥挤不堪，老百姓有的牵着牲口，有的挑着担子，拼命往船上挤。这时奶奶总是带着我挤在他们的中间，似乎能感到安全些。有一次我们刚刚登上了交通员安排的船，不多会儿，就见河的上游开来一艘汽艇，船头及两侧站着荷枪实弹的敌人。奶奶领我迅速钻进了船舱中间，眼看着汽艇越驶越近，而奶奶脸上的表情非常镇定、沉着。她一面准备应对紧急情况，一面对我说："无论发生什么事情，你都不要出声，一切由奶奶来应付。"谁知在汽艇即将靠近我们的时候，敌人发现汽艇左侧方有一只比我们的船要大好多倍的船在行驶，敌人就将汽艇向大船靠了过去。这时，我们的船也已靠近了对岸，真是有惊无险。奶奶长长地舒了一口气。因为当时我们所带药品有的放在篮子里，有的放在包袱中，有的捆绑在身上。有一只英国制造的高级望远镜，就是伪装成玩具挂在我的身上，万一查出来后果不堪设想。在巧妙地躲过了敌人的盘查后，望着奶奶我也会心地笑了。后来才知道那只英国制造的高级望远镜是上海信谊药厂老板、进步人士鲍国昌送给新四军粟裕将军的。到了司令部，粟司令接待了我奶奶。粟司令满面笑容地对我奶奶说："老人家，您辛苦啦！新四军谢谢您！"

事情虽已过去半个多世纪，每每回忆起，心里总是暖融融的，它至今仍然激励我为革命奋斗不息，离休不离志。

缅怀三位抗日战友

文/陆启明

抗日战争爆发至今已经过去七十多年了，每每想起我都不禁心潮澎湃，激动不已。那一次次与敌迂回的游击战斗，一幕幕战火纷飞的激战场面，仿佛呈现眼前，尤其是一群群曾与我并肩战斗出生入死的亲密战友，他们年轻、坚定、英勇、顽强的形象依然活在我的心里。此文仅记在如皋窑区开展游击战争时牺牲的三位战友，以之纪念。

陈锋，上海人，曾任薛窑区委组织科科长。

朱保群，薛窑人，曾任薛窑区政府民政助理。

刘海涛，薛窑人，曾任薛窑区委通信员。

那是1943年，驻薛窑、姚家桥、郭家园的伪军薛任杰部起义后，我薛窑全区解放，薛窑至长江边这一片都成为我根据地。何林秀同志担任区委书记，我任区长。此时，由南通到石庄的公路贯穿我区境内，伪军的运输线被我拦腰阻隔，犹如掐断了它的命脉。

1944年春，驻如皋的伪军孟宪平部为打通南通到石庄的公路交通，增派兵力至姚家桥、郭家园，重新设立了伪据点。公路以南又沦为敌占区。为坚持公路以南的对敌斗争，区委派组织科长陈锋与朱保群、刘海涛到敌占区领导、组织群众继续开展工作。就在这一年麦收前，区委让我到碾砣港召集陈锋、朱保群、刘海涛三位同志开会，共同研究对敌斗争问题。那夜，我乘一只敞篷帆船由长江向南到碾砣，在约定离江边不远的地点开会。将近中午会快开完时，被伪军发现，并向我方开枪射击。我立即拔下腰间两支驳壳枪回击，趁对方趴下躲避之际，我们四人飞奔至江边跳下水，我朝帆船方向游去。这时伪军机枪向江边扫射并紧追上来。未曾想陈锋、朱保群、刘海涛三位同志不会游泳，被追上来的伪军抓走。帆船顺风向南快速行驶，伪军机枪不停扫射，子弹如雨点般密集，坐在船舱的于世亮同志被打伤，子弹从他后背穿至前胸。掌舵的同志见我游来，迅即抛下一根绳索吊在水中，并就势躺倒在舱底，用脚掌舵。我奋力追上帆船，抓住绳头，随船向南游了几十里，两只手因抓绳时间长，吃不住劲，就将绳索捆在腰上，再用手抓着，一直坚持到超出伪军机枪射程，我才爬上船，在长江中继续漂行，等到夜里才驾船回到薛窑。上岸后，找到沙家庄的樊汝梅医生为于世亮治伤。樊医生用手摸到子弹的位置，用刀把子弹挑出来，简单包扎一下，于世亮又继续投入了战斗。听当地群众说，陈锋、朱保群、刘海涛三位同志在被押往姚家桥据点途中，坚强不屈，一路怒斥日伪的滔天罪行。当日下午，三位同志即遭伪军枪杀，尸首被埋在据点下面。

陈锋、朱保群、刘海涛三位战友惨遭敌伪杀害，我们悲愤至极，决心等待时机向敌人索还这笔血债。时值端午节将至，区委经调查，估计伪军在节前将前往薛窑镇抢粽子、鸡鸭，决定派一个连于五月初三夜里埋伏在西三余庙里。初四清晨，姚家桥的日伪军果然出动。我方以小部队从东、西两边枪击，引诱敌人向薛窑镇进发，埋伏部队迅即包抄上去兜住敌伪屁股，使其龟缩于镇内。我部乘胜追击并抓获俘虏一百余人。孟宪平驻姚家桥余部闻风丧胆，向九华落荒而逃。

敌军撤退后，我部烧毁了敌据点，拆毁姚家桥，用桥木做成一口大棺，将陈锋、朱保群、刘海涛三位同志合葬于窦家庄。他们当时仅二十岁出头。

中华人民共和国成立后，当地政府将三位烈士移葬于马桥中学附近烈士墓。1982 年，我曾回如皋前去烈士墓凭吊战友。我永远怀念他们——亲密的好兄弟。他们临死不屈，英勇抗敌的事迹激励过多少战友和当地群众，也还在激励着后来人。亲历过七十多年前的战火，目睹过多少战友在战场上倒下，在抗战爆发七十余年后的今天，我要告慰战友：祖国已日益强盛，人民没有忘记你们，人们将更加珍惜和平，为共建和谐社会而继续努力。

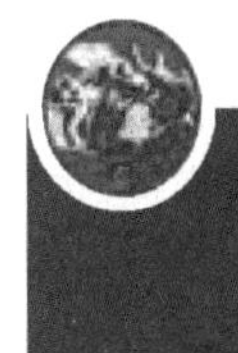

我的抗日童年

文 / 王国华

1944年春天，正月初五晚上我和村上十多个小朋友在一起玩花灯，正热闹时，一个小伙伴钻进来拉着我的手，小声地对我说："你家来了两位亲戚，你娘叫你马上回去。"我回到家，看到两位陌生人，一个站在门口，一个坐在床上，见我进去就站起来自我介绍："我姓俞，是你父亲的同事。"小伙伴插上一句："他就是俞县长。"俞县长详细地讲了我大哥王国香为抗日牺牲的经过和我父亲参加革命，在芙蓉一带干得很好，已当了区长等事。我听了当即向他要求参加新四军，他说："慢慢来，暂时不要参加新四军，你年纪还小着呢，首先要读好书，必要时我会来叫你做很重要的工作，可是有个最重要的事情要切记，干地下抗日工作要有不怕牺牲的精神，同时必须严守秘密，像今夜和你讲的一切，对任何人都不能吐出半个字来！这是性命攸关的事。"

1944年9月中旬的一个晚上，夜幕笼罩着大地，人们都入睡了，一个小伙伴轻轻地敲我的房门说："你家来了亲戚。"来人是个精干的中年人，我看他一眼，问："你是……"他说："四叔。"我听到暗号，高兴地握住他的手叫了声："四叔，你好！"他将手里的竹篮交给我："这是大半篮芋头，其中两个内有紧要情报，在明天晚饭前一定要送到利港、申港，有个'四叔'来接你。可要当心，这篮芋头，特别是这两个有记号的芋头，你要保护好，它就是你的生命，也攸关几百新四军战士的生命，无论如何不能丢失。”我接过篮子，真有说不出的激动，说：“请四叔放心，我一定全力以赴，保证完成你们交给我的重要任务，决不辜负你们对我的信任。”

第二天上午八点左右，我提着那篮芋头出发向利港镇走去，走到敌人据点竹篱笆门口时，突然从侧面蹿出两个伪军，手端长枪大喝一声：“不许动！”他们问我到哪里去，我镇静地回答：“送芋头给街上开茶店的王奶奶吃。”一个家伙不由我分说，一把揪住我的耳朵狠命旋，我痛得头昏眼花。接着他又左一巴掌、右一巴掌打我耳光，我被打得口鼻出血眼发暗，脑子里迷迷糊糊，嘴里流出好多鲜血。伪军又威吓我说：“小土匪，不怕死吗？今天不说实话，饶不了你，要你的命！”他一脚踢翻了我的篮子，芋头滚了一地，又一脚将我踢倒在地，我一面大哭大闹，边哭边喊：“你们为什么打我，我王奶奶在街上开茶店。”我死命与敌人纠缠，分散他们的注意力，一面爬起来拾起芋头向篮子里放，同时更注意保护那两个藏有情报的芋头。正在此时，王奶奶得到消息，找几个人来和伪军理论。在哭闹中的我趁伪军注意力分散，将有情报的芋头放到了篮子的最底层。伪军看到街上人来的多了，又看我哭闹不休，也没发现什么，只得大吼一声：“滚！”我总算松了一口气，忍着疼痛，三步并作两步奔向王奶奶家。王奶奶见我被伪军打成这个样子，心疼地用水给我洗脸，我紧紧握住芋头篮子不放。来看热闹的街坊邻居都被王奶奶劝说回去，等人群走散后，我对王奶奶神秘地笑着说：“不要紧，我还要到申港去呢。”王奶奶领会了我的意思，要我先到里面小房间休息。王奶奶正给我做饭时，有个陌生人走进来，叫着“王奶奶”，我机警地望着他，他见我被打的样子，心疼地问我：“痛吗？”我笑着说：“怕痛就不来了！”他竖起大拇指说：“好样的，真像王国香烈士。”我奇怪地问他：“你……是……”“我是你四叔。”我听后迅速将藏有情报的芋头塞到了“四叔”的衣袋里。

在王奶奶家吃了中饭，我笑嘻嘻地对王奶奶说：“这篮芋头我还要拎到申港走一趟，装芋头的篮子回来给您。”王奶奶听我说的话中有话，便对我说：“到申港后，若时间晚了就直接回去，千万不要为一只篮子再弯进利港来找麻烦了。”

三天后的一个深夜，俞县长来我家拉着我的手，抚摸着我的头，又拍拍我的肩膀，很亲切地说：“小鬼，不怕死，真勇敢。这次你完成的任务不简单呀！真不愧是英雄烈士王国香同志的好弟弟、王正同志的好儿子。”并鼓励我说：“这次情报你送得准确及时，前天夜里打利港、申港据点，由吴立批、李云诚靖江独立团两个连和我们澄西县警卫大队共三百余人，在靖江八圩上船，到村背后的江边登陆，兵分两路夜袭申港、利港两个伪军据点。由于我们的内线及时快速解决了岗哨，战斗非常顺利，我们的部队进入据点，没有遇到多大麻烦就解决了战斗。这里有你的一份功劳，我代表三百多名新四军——‘四叔’向你致谢。”

这是我胜利完成的“第一次送情报”，虽已时隔六十多年，至今忆起，仍历历在目。

六年风雨　美丰杂货店

文/仲　舟

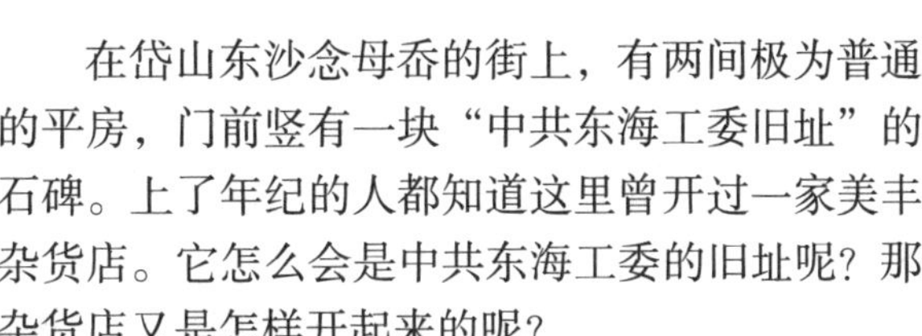

在岱山东沙念母岙的街上，有两间极为普通的平房，门前竖有一块“中共东海工委旧址”的石碑。上了年纪的人都知道这里曾开过一家美丰杂货店。它怎么会是中共东海工委的旧址呢？那杂货店又是怎样开起来的呢？

1943 年初，为了沟通苏北和浙东抗日根据地之间的海上交通和进一步发展我党在海岛地区的革命斗争，中共三东工委决定派一位特派员到岱山建立一个党的秘密机关，领导和组织革命队伍开展隐蔽斗争。时任中共定海县工委委员的王博平同志接受任务后，动了不少脑筋。在日、伪、顽统治的海岛上，一个单身男子上岛很容易引起敌人的注意，如何能使特派员站住脚跟而不被敌人怀疑？什么职业最合适掩护？想来想去并和有关同志商量后，他觉得还是开一家杂货店较为合适，特派员以小店老板身份为掩护，既可联系群众也易于做上层工作。但是光特派员一人开店还不行，也易被敌人察觉。王博平一想到这里，脑海中就跳出了一个假夫妻开杂货店筹建特派员机关的打算。他首先想到地下党员童春梅。这位秀山岛上土生土长的姑娘，曾因家境困苦到上海永安纱厂做挡车工，全面抗战爆发后失业回舟山，现已有两年党龄，目前正在秀山等候分配新的工作。于是王博平当机立断把童春梅约到钓门。

童春梅风尘仆仆乘船到钓门，一听到王博平要她配合和掩护特派员工作是假扮夫妻的事后，脸一红，感到有些不好意思和为难。心里想这特派员是有文化有能力的，我一个小岛里的人，没见过大世面，能做好这项工作吗？一个姑娘家又如何去做通母亲的工作让她和乡亲们承认这个假女婿呢？但又想到自己是一个共产党员，为革命牺牲都不怕，现在党把这么重要的任务交给我，我能退缩吗？一想到这，她就坚定地向王博平表态：“我坚决服从组织的决定，一定掩护和配合特派员完成党所交给的任务！”刚说完，脸一红又接着说：“但我是个女儿家，我们这里是小岛，包办婚姻风气重，我去和妈说自己找了一个男人来不好开口，我妈也不一定会答应，你小王先生（王博平当时以医生职业掩护革命工作，当地的老百姓都称他为小王先生）的威信高，我妈的工作还是你帮我去做，好吗？”王博平一听忙说：“好，好！我代表组织感谢你，春梅同志！”

时隔不久，詹步行（化名王步行）在王博平的陪同下乘船来到秀山，他们在兰山码头上船后先到春梅的姐姐家。这秀山是位于定海北面的一个小岛，有一个陌生人来的消息传得很快。童妈妈知道这“毛脚女婿”来的消息后就按照与小王先生约好的步骤，迈着一双小脚出门，装着非常熟悉的样子把这“女婿”接了进来。这样一来，全秀山的人都知道童家来了“新女婿”。

为了把这“新女婿”做得像模像样，王博平请童妈妈操办酒席，公开把族中人请来喝喜酒。这一下童妈妈可不同意了，对小王先生说：“这个王先生长得这么老，办酒后我家春梅生米煮成熟饭，以后不用想嫁人了。”王博平细细劝说：“童家姆妈，你看我人怎样？我放着在家坐堂医生不做，今天跑东明天奔西，我为啥？还不是为了赶走日本鬼子，我们穷人家能过上好日子吗？你知道我是好人，那王先生的为人比我还好，再加上他进过大学堂，墨水喝得足，你女儿帮他也就是帮我们劳苦大众，做积德行善的大好事。你别人不信可以，总不至于不相信我吧？这个忙一定要帮到底呀！这次办酒的戏文一定要做得像，若穿帮了，这可是性命攸关了，就算帮你和受苦穷人的忙吧。”这童妈妈虽然是小岛上的农家女，大字不识，但却是个朴实明理的人，听了王博平的话后，就说：“小王先生，那我把春梅交给你了。”

办酒席这一天，几乎把秀山与童家有亲的头面人物都请到了。童妈妈趁机说道：“各位大伯、叔叔，我家春梅今天与一外乡人成亲，今后有为难之处还请诸位多照应。”众人异口同声道：“一定，一定。”就这样，日军到秀山“扫荡”时，一个没有“良民证”的“王步行”就被保护下来了。

话说另一头，詹步行同志接到上级要他来定海任县级特派员，开辟舟山北片地下党的工作和沟通海上南北交通线的任务后，不但离开了熟悉的工作环境，还离开了故土，离别了亲朋好友、革命战友和在革命征途上的爱人。白区工作的纪律是不允许与原关系有任何联系，到一个完全生疏且是海岛环境只身一人隐姓埋名来开展革命工作，困难重重。自从踏上秀山岛，他就整天在童家的楼上苦苦思索如何建立特派员机关，既能隐蔽自己又可开展党的工作。看到童妈妈迈着小脚忙进忙出，他心中热乎乎的，岛上的老百姓真好呀！

酒席办过后，秀山岛上的人都知道童家来了个做生意的新女婿。但是特派员机关是要建在岱山岛上，童妈妈又想到岱山东沙的几个远房亲戚，请人帮忙在岱山念母岙租了陈子定家的两间房子。念母岙是个小村，离东沙镇虽近但尚有

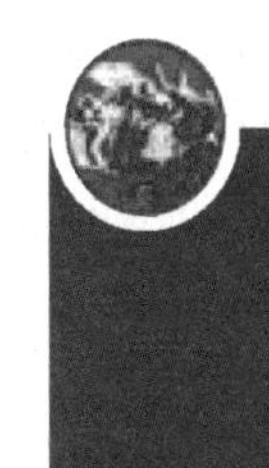

一段距离，不易引起敌人的注意，且公路两边是山，又临近沙滩大海，交通运输和开店环境都较好，是个理想的特派员机关隐蔽地，詹、童这对假夫妻就在那里开了一家杂货店，取名为“美丰”。

店开起来了，生意也有了，表面看老板和老板娘忙忙碌碌、相亲相爱，实际上，詹步行同志在这家小店的招牌下结识了许多基层群众，建立了统战关系，迅速开展起了党的工作。这前店后房的样子也让人们知道了这是家夫妻店。可是时间长了，问题也来了，党内的同志来联系工作过夜，看到“王先生”抱着被子去睡店堂，知道是假夫妻还能保密，可附近的邻居说：“王先生，怎么不见你老婆凸肚皮呀？”这一问，问得詹步行同志警觉起来，如果这样长期下去很可能会引起敌人的怀疑，个人生命安全是小事，那革命事业的损失可就无法估量了，怎么办？想想自己自从到岱山来后这段时间的经历，这么快就把工作顺利开展，虽说有当地群众的支持，但关键是春梅同志和她母亲的支持，为了解决开店时短缺的资金，这位童妈妈都把她海员儿子的抚恤费拿出来做开店资本了。既然组织上要我们扮假夫妻来开展工作，且共同的革命志向把我们连在一起，为了更有利于开展革命工作，何不假戏真做呢？他把自己的想法和春梅同志商量后，就向组织上打报告要求正式批准他们结为夫妻。很快报告就批了下来，这次可不用办酒了，人们早已承认他们是一对恩爱夫妻，开着一家夫妻老婆店！

从此，这家美丰杂货店，成了中共定海特派员机关，再是三东工委机关，后又成为东海工委机关所在地。从1943年春到1948年10月，这个党的领导机关在长达六年的时间里，领导了岱山、舟山直至东海地区的革命斗争。他们发动群众，领导和组织抗日小分队，发展党组织，抗击日军、严惩汉奸，建立了岱西、泥峙抗日根据地；解放战争时期又组织和领导东海地区的革命斗争，为舟山人民的解放建立了功勋。他们的革命精神赢得了人们的敬重，那假戏真做的故事也永远留在人们的心里。这就是那一代共产党人的胸怀！

我曾参与教化日军战俘

文/宗　弼

1945年3月，我在南京中央大学法律系三年级求学时，参加了共产党领导的一个外围组织读书会。读书会向会员介绍进步书籍，不定期召开座谈会，组织专题辩论会。由此，我有机会读到了《延安访问记》《新民主主义论》等进步书刊，逐渐提高了觉悟。我在一位从事我党地下工作的同学引导下参加了革命，并由他介绍来到山东藤县的一个联络点——鸿源客栈。

鸿源客栈的老板和我们地下党、大后方的国民党、日军、汪精卫的伪军四个方面都保持着联系。他将日伪军的动向、部署等军事情况，向我党和国民党提供情报，也为前往重庆或奔赴延安的工作人员和青年学生牵线搭桥。在这个鸿源客栈里等了约莫一个星期，联络员将我引到了解放区武工队驻地。

当时被称为武工队的，就是驰骋在铁路线上的铁道游击队。这个铁道游击队队员有三十多人，个个精干，他们穿着紧身的黑衣裤，腰间都插两把驳壳枪，个个能手持双枪左右开弓，弹无虚发，有一身硬功夫。后来铁道游击队打击日军的传奇故事被拍成电影，影片插曲《弹起我心爱的土琵琶》的歌词：“爬上飞快的火车，像骑上奔驰的骏马，车站和铁道线上是我们杀敌的好战场，我们爬飞车那个搞机枪，闯火车那个炸桥梁，就像钢刀插入敌胸膛，打得鬼子魂飞胆丧……”形象而又生动地反映了当年威震敌胆的铁道游击队的战斗经历。我就在这支铁道游击队里和他们朝夕相处了半个月。在这十五天里，他们一次是从敌人的列车上卸下我军急需的药品；另一次是从敌人的列车上弄下许多箱枪械弹药。为了阻止日军夜巡的铁甲车在铁路沿线上往返巡逻，他们

还扒了一段铁路，为我们一支部队越过铁道线创造条件。记得有一次我们住进一个村，睡到半夜，放哨的同志气喘吁吁地跑进来说："有情况，快转移！"大家马上从热被窝里爬起来，操起家伙越墙而走，迅速隐没在夜幕之中。

不久武工队的联络员从鲁南军分区回来向队长报告："军分区让从敌区来的大学生赶快去报到。"武工队立即派一名队员送我去鲁南军分区敌工科。临走时，我恋恋不舍地跟武工队员们挥手告别。

到鲁南军分区敌工科报到后，领导分配给我的工作是劝降日军和教育日伪军战俘。对那些武装到牙齿而且在中国烧杀抢掠横行多年的侵略军劝降，究竟有多大的成功率？领导知道我对劝降日军的工作缺乏信心，找我做了思想工作，并要我认真地做好这项重要的工作。记得当时我们所做的工作之一是给日军送"慰问袋"。袋里除装有糖果外还有一份劝降书，上面写有德日意轴心国在东西战场上节节溃败的不利形势和我军优待战俘的政策。另一项工作就是向被俘的日伪军讲形势课。被俘伪军大多是被迫来当兵的，愿意回家的，发路费让他们回家；愿意掉转枪口打日军的，就参加八路军。对日军战俘的教育感化要非常细致耐心。被俘的日军中有一部分是新征入伍的，他们也不愿意背井离乡到中国来打仗。有一次，一个年轻日俘掏出一张女孩照片给我看，他说："这个姑娘是我的恋人，她在日本的日比谷读大学，我很想念她，还不知今生有没有机会再见到她？"我对他说："日本侵华战争打了八年，中国的全民抗战节节胜利，中国人民的抗战眼看就要结束了，你和那位姑娘重逢的日子不会太遥远了。"一次宣传部部长陈辛人同志要找三个被俘的日本军官谈话，通知我当现场翻译。陈部长在日本留过学，是懂日文的。我到了他的办公室，见到三个日本军官端坐在那里，每人面前放着一杯茶。陈部长笑着对我说："今天上午和三位日本朋友聊聊天，你也来参加。"他指着墙上的地图，讲欧洲战场苏联大举反攻，英、美在南线开辟了第二战场；讲太平洋战争，日舰损失惨重，节节败退；分析了日本军国主义把战线拉得太长，腹背受敌、捉襟见肘……最后，他希望那三位日本军官加入日本共产党领袖岗野进（野坂参三的化名）领导的"解放联盟"，将来回国以自己亲身的经历，向日本人民做一些正面宣传。三个日本军官一面听，一面掏出小本子记，很认真。在一个多小时的谈话中，对陈部长讲述的内容，我的翻译大体上还算说得过去。走出陈部长的办公室，我真有点如释重负之感。

1945年8月15日，日本天皇宣布"无条件投降"。我军作了充分的准备，要先拿下枣庄。敌工科接到的任务是战斗打响之前，瓦解日本驻军，力争不战而胜。敌工科里只有我能讲日语，就由我向日本驻军喊话。其他几位向伪军招降。我们五个人登上了耸立在日本驻军附近的一座教堂，用洋铁皮自制的不到一尺长的铁筒喇叭，居高临下向日军喊话。我打开窗户，伸出话筒，对着下面日本驻军的营房高喊："日本天皇已经宣布无条件投降了。你们赶快向八路军缴械投降吧！我们决不杀害投降的官兵，以后保证将你们遣返日本！"这时从日本驻军的营房里走出一个军官，持枪朝我们打了好几枪，教堂的彩色玻璃被打碎了，四处飞溅的碎玻璃划破了我们的脸。枣庄的日本驻军如此执迷不悟，我们便在战斗中将这股顽抗的日军全部消灭。

9月底10月初的一天，我们在鲁南枣庄附近的一个大广场，召开足有两万人参加的庆祝抗日胜利的大会。我的任务是在大会上为日本“解放联盟”的代表作大会发言的翻译。这位“解放联盟”的代表，就是曾经听陈部长讲话的三个被俘日本军官中的一个。那时没有扩音设备，我在翻译他的讲话时，为了让更多人能听到台上的发言，只好扯着嗓子喊。那个“解放联盟”的代表说：“日本帝国主义军队的侵华战争是丧心病狂、伤天害理的非正义战争，是注定要失败的。我作为日本侵略军的一员，虽是被迫入伍的，但也对中国人民犯下了大罪，应该诚挚地向中国人民谢罪。我回到日本后，要向日本人民广泛宣传，今后决不要战争，两国人民要世世代代友好下去！”

抗日战争胜利结束，我们敌工科的一项重要任务是遣返战俘。日思夜想盼望回国的日本战俘个个笑逐颜开，见了我们就主动打招呼。我们精心策划了一场送别晚会。记得送别晚会的那天晚上，小礼堂张灯结彩，会餐时，首长举杯讲了送别的话。铺着白布的长条桌上摆满了花生和水果。战俘中大部分是日本人，还有少部分是朝鲜人，他们坐在东边，敌工科的同志在西边与他们相对而坐。首长站起来说：“长达八年的抗日战争胜利结束了，今天是欢送日本‘解放联盟’和朝鲜‘独立同盟’的成员回国的喜庆日子，不久你们就要回到祖国和亲人团聚，祝你们一路顺风！”那个日夜想念在日比谷读大学的恋人的年轻战俘，两眼含着热泪站起来说：“回国见到亲人，我一定要将共产党领导的八路军对我们如何如何好，说给所有的人听，而且要讲日本侵略中国，杀害了那么多中国人民是犯了大罪，要向中国人民请求恕罪！”其他战俘也讲了类似的话。晚会还安排了娱乐节目，先由小乐队演奏了一段民乐曲，响亮的唢呐声营造出了十分欢乐的气氛。被遣返的日本战俘唱了《樱花之歌》《荒城之月》。晚会还放映了幻灯片《平型关大战》。幻灯片放完时，一位日本战俘说：“请不要开灯！”他在昏暗角落用女人哭泣的声音表演了一段母亲得知大儿子在中国战死，希望小儿子能平安回国，捶胸顿足地诅咒这场战争害了她一家的小品。会场鸦雀无声，笼罩着伤感的气氛。打开灯以后，表演者站起来说：“那个妈妈哭诉的小儿子就是我。”大家为他的表演热烈鼓掌。之后，我们敌工科的同志合唱了《八路军军歌》：“铁流两万五千里，直向着一个坚定的方向……争民族独立，求人类解放，这神圣的重大责任都担在我们双肩……”首长说：“我们八路军肩负的责任不仅是打败帝国主义侵略，争取民族独立，而且还应为全人类的解放而战斗。希望诸位回国以后，把本国千百万人民发动起来，为人类解放的伟大事业而共同努力、共同奋斗！”

半个多世纪过去了，当年的情景我至今仍然记得十分清晰。以史为鉴，可知兴替，让后人了解这段历史，还是很有意义的。

海口谈判

文/史　丹

1945年冬，琼崖的上空布满了战争的阴云。

这天，天空飘着小雨，山风夹着丝丝寒意不断袭来。在南丰墟特委机关办公室里，冯白驹递给我一封信，说："今天请你来，就是为这封信的事。"

我展开一看，是国民党四十六军军长韩练成，邀我们派代表去海口和谈的亲笔信。"这显然是政治上的一种姿态，未必有什么诚意。"我看完信后说道。

"是啊，但人家既有请，我们也得有应。就是'鸿门宴'我们也得赴会。"冯白驹发出一阵爽朗的笑声，然后郑重地对我说，"史丹同志，特委经过研究，决定派你当代表前往海口谈判。"

顿时，我觉得有几百斤重的担子压在肩上。

冯白驹拍着我的肩膀说："到了敌人的心窝里，既要针锋相对，又要机智灵活。"接着，冯白驹向我谈了关于和谈的基本原则和我方的和平主张，并让我到海口后，设法召开记者招待会，宣传我们实现海南全面和平的愿望和要求。

我和警卫员吴俊期，大约在12月中旬从南丰墟启程，进入澄迈县境。我穿一套西装，小吴是随员打扮。我们来到澄迈县城金江镇，和国民党的一个中尉军官接上了头。他们给我们的"见面礼"是不许我们带武器。中尉见我不高兴，便赔上笑脸，说："这是上峰的命令，请先生多多包涵。"他把我俩安置在临江的一幢两层小楼上，楼的前面是街道，后面有个小阳台，站在这里，可以望见缓缓向北流去的南渡江。那个中尉住在楼下，门口设了岗哨，名为警卫，实为监视。

两个晚上过去了，依然没有动身的消息。小吴几次问中尉何时去海口，得到的回答是："我也不知道。既然来了，就安心住几天嘛。"

得胜沙路曾经是海口市最北端的一个岛。现在是海口著名南洋骑楼风格老街之一。海口谈判就发生在这里

我明白，我们是被暂时软禁起来了。我站在阳台上，望着北去的南渡江，心中冒出一个主意：如果敌人想暗算我们，我们就趁夜跳江，游水逃脱。但我又很快否定了这个想法。既然来了，就得设法摸清敌人的企图。

那个中尉待我们还算比较客气，我便故意找话和他闲聊。闲聊中，我得知他姓李，在国民党一七五师师部当参谋，并了解到他积郁了满腹怀才不遇的怨气。于是，我便邀请他去金江饭馆饮酒。李参谋略迟疑了一下，便欣然应邀。两杯酒下肚，李参谋的话越来越多，发起了牢骚。他向我透露："师里有人想暗算你俩，但碍着韩军长，他们不敢胡来。对我你可尽管放心，我是明人不做暗事。"听了这番话，我更加警觉起来。几天后，我俩被送到海口。

谈判在得胜沙路临近海边的椰子园进行。在一间摆设讲究的会议室里，我见到了国民党四十六军军长韩练成。

谈判开始后，我首先阐述了琼崖特委对时局的看法和方针，要求国民党琼崖当局停止对琼崖纵队的进攻和挑衅，停止发动内战的准备，共同遵守《双十协定》，实现海南的全面和平。

韩练成故意岔开和平的问题，盛气凌人地说："我们谈判的首要问题，应以国家军令、政令之统一为要旨，具体讨论怎样由政府收编你们琼崖纵队。"很明显，敌人妄图取消人民武装和广大解放区。

对于敌人的这一阴谋，在我出来之前，冯白驹等特委领导就有充分的估计。我立即反驳："我们到这里来是谈判的，不是来听命于人的。诸位对《双十协定》的基本精神及和平、团结的方针避而不谈，只强调军队国家化的问题，显然是缺乏和谈诚意的。关于军队整编问题，目前我们两党正在谈判之中，我们在此讨论这个问题是不适宜的。"

这时，韩练成用带有威胁的口吻说："琼崖这么点人马，几条破枪，还是老实归编好。"

对于这种明显的挑衅，我义正词严地予以了驳斥："我远道来谈判，不是因为我们软弱无力，而是不愿看到海南再燃起战火。如果你们冒天下之大不韪，发动内战，你们就在人民心中亏了理。再说，真要是打起来，你们也未必就能取胜。"

这时，会场的气氛十分紧张，谈判已成僵局。韩练成只好打圆场："今天暂时谈到此。统一军令、政令是势在必行，但史先生一人难做主，请史先生回去跟领导商定，我们日后再谈。"

第一次谈判就这样不欢而散了。

当天晚上，我正在寓所苦苦思索着如何应付目前这种复杂的情况，韩练成突然派车来接我，说要和我面谈。对于这位军长阁下，白天我已经领教够了，至于他今晚唱的是哪出戏，我一时猜不透，不得不加以提防。

事情出乎我的意料之外。韩练成把副官支开，然后压低声调说："史先生，我寄给你们的信函你们看到了吗？那都是些官样的文章，但其间有一句是我的真心话——我韩某决不做对不起海南人民的事。为了引起你们的注意，我还故意用红笔在这句话的下面画了杠。"韩练成向四周环顾了一下，用更低的声音说："今天上午的谈判完全是演戏，是故意做给上头看的。"接着，他便自述起身世来。

他是宁夏固原人，早年在冯玉祥的部队里，参加过北伐战争。抗日战争时期，他坚决拥护中国共产党提出的团结一致、共同抗日的主张，并同周恩来、董必武、李克农等人取得过联系。如今，他之所以当上这个军长，是有着复杂的政治背景的。四十六军是桂系部队，蒋介石为了控制这支部队，派他去当这个军的军长，下面三个师的师长都是桂系的骨干分子。目前，他还不能有效地控制这支部队。四十六军过琼，完全是为了消灭海南的革命武装，目前正在紧张地进行部署。今天举行的所谓和平谈判，是奉上面旨意搞的，完全是为了欺骗舆论，麻痹琼崖纵队。

听了韩练成的这番话，我反复思量：他的表白是真的还是假的？

韩练成猜到了我心中的顾虑，便问：“我们琼崖纵队跟延安有没有电报联络？”

实际上，自从1941年电台在战斗中损失后，我们就与党中央中断了电讯联络。但这是十分重大的机密，我怎能如实告诉他，我便回答说有。

“有就好。”韩练成听了我的回答后说：“请你们问一下延安，就知道我是什么人。”接着，他又对我说：“你们需要利用哪些港口与上级联系或运送物资，我可以派可靠的人去协助。”他希望在南丰或某个适当的地点，单独会见冯白驹，同他商量一些重大事宜。他又说蒋介石已派出四五个少将特务来督战，催着向琼崖纵队进攻。琼崖纵队是否考虑暂避一时，在五指山山区休养生息积蓄力量，不要出来破坏公路、电线。这样，他就可以应付上头，说琼崖已没有共产党的部队活动，保护琼崖纵队不受损失或少受损失。

对于韩练成的这番话，我无法作出准确的判断或给予更多的答复，只好说：“韩军长的这番好意，我一定转告冯白驹等特委领导。”接着，我提出想同海口市各界人士进行一些接触。

韩练成立即劝阻我：“目前海口的政治气候，实在不允许这样做。这里的中统、军统特务和桂系耳目甚多，他们千方百计要暗算你，但是碍着我，他们还不敢怎么样。为了安全起见，我打算尽快送你回去向上面报告。”

几天后，我和小吴便循原路回到了特委驻地。

我将情况向特委作了汇报。特委认为，这次海口之行，以实际行动揭穿了国民党诬蔑我们不要和平的谎言，教育了各界人士和人民群众。同时，使我们进一步消除了对和平的幻想，下定决心积极做好应付战争的准备。但是，韩练成究竟是什么人，尽管特委反复研究分析，终因无法与党中央取得联系而解不开这个谜。特委决定慎重行事，对韩练成的话不得不信，但也不能丧失警惕。为了对韩练成进行考察，同时也为向琼崖各界人士和人民群众表明我们对和谈的诚意，特委决定由我赴海口，与韩练成进行第二次谈判。

转眼间，已是1946年1月下旬，我仍带着警卫员小吴，两人循原路来到了金江镇联络点。接待我们的还是那位李参谋。他一见到我，就悄悄地说：“最近，风声吃紧。史先生此次去海口，恐怕不是个好时机啊。”我预感到此行将会是困难而艰险的。

到海口几天后，双方仍在椰子园进行谈判。我步入会议室，室里摆设依

旧，但是气氛与上次大不相同。韩练成半卧在沙发里，点头示意我坐下。看样子，他行走有些不方便，连例行的礼节也从简了。我环顾左右，在座的大多还是上次参加谈判的那些人，个个表情都很冷淡。

会谈一开始，韩练成就说："关于上次谈的琼纵改编之事，你们作何考虑？"

我回答："我认为，关于军队整编的问题，目前国共两党的代表正在谈判之中，我们在这里讨论这个问题是不适宜的。"

一位校官立即接着说："史先生此言差矣！抗战胜利以后，外患已经消除，而内患却愈见严重。这主要是由于国家军令、政令之不统一。海南要实现和平，就必须首先解决这个问题。"

我立即反驳："不然！所谓军队国家化，实际上是取消人民武装，把军队变成国民党一党的私有工具，这对于和平的实现是南其辕而北其辙。我们认为，要实现海南的和平，必须认真执行《双十协定》和《停战协议》……"

我说到这里，韩练成打断我的话，高声呵斥道："违背《停战协议》的是你们！你们口口声声讲和平，为什么动手打我们？"韩练成这样一说，左右那班人个个板起面孔，露出凶相。

我冷笑道："一边讲和平，一边动手的是你们。你们四十六军过琼后，不但抢夺海南人民抗战的胜利果实，而且不断向我们挑衅，发动进攻。事实俱在，我们均一一记录在案，你们是抵赖不了的。"

这时，韩练成怒目圆睁，"啪"地拍了一下桌子，说："你血口喷人！我这次出巡石碌，遭到你们暗算，几乎丧命。"韩练成略为停顿，用带有威胁的口吻说："就凭这一点，我们完全可以把你处置了。"

一听此话，有几个人竟然站了起来，似乎要把我一口吞下。

对韩练成出巡遇袭一事，我一点儿也不知道。原来，韩练成乘火车到石碌出巡时，遭到了二支队的伏击。但这时我已经动身来海口了。

我神态自若、理直气壮地说："既然你们肆无忌惮地向我们发动进攻，我们当然有回击的权利。至于处置谈判代表，你们国民党是有过先例的。抗战时，我方谈判代表林耀簇惨遭你们杀害，结果你们在人民面前暴露了丑恶的面目。如果你们今天还想做这赔本生意，那就悉听尊便。"

双方的舌战已达白热化。最后，谈判双方又是不欢而散。

第二天晚上，韩练成又一次派车来接我同他单独见面。

韩练成同谈判时判若两人。他先亲切地向我问候，而后低声说："我过去对上、对下都说过，你们琼崖力量不大，不敢对我们动手。可是你们这次在石碌伏击，缴了机枪，打到了我这个军长头上，上下左右都借此大做文章，要我早日动手，上面催得很紧。看来，海南的内战在近日内要打响了，你们要做好应变准备。"

我正打算提出让他为我们办一些事，从而进一步考察他，韩练成又说："这里不是久留之地，那些家伙心狠手毒，我得想法送你快回去。"说完，便去安排。很快，我和小吴赶回了特委驻地。

以后，我们再也无法与韩练成联系了，更无法弄清他的身份。直到中华人民共和国成立以后，我们才看清了韩练成的“庐山真面目”，明白韩练成私下对我讲的话完全是一片真心。他在率四十六军来琼之前，周恩来同志曾经给了他一封信，希望他运用个人的影响和手中的权力，在无损大局的前提下，尽可能保护琼崖纵队的安全，设法使之不受损失和少受损失。但由于他未能有效地控制住四十六军，加上我们琼崖纵队也无法与党中央取得联系，以致使他失去了一些对琼崖纵队进行帮助的时机。

他率四十六军离琼后，在山东莱芜战役和孟良崮战役中，利用他的特殊身份，为中国人民的解放事业立下了很大的功劳。

遗憾的是，中华人民共和国成立以后，我一直没有机会和韩练成同志再次见面，重叙旧情。

得胜沙路南洋风情的古老骑楼

怀念比泰山还重的烈士

文/潘　云

在1947年2月山东莱芜战役吐丝口的战斗中，我被抽调去大圣井纵队卫生部医院帮助做伤员救护工作。医院设在一个较大的村庄里，老远就能看到村前谷场上晾晒有很多伤员的衣被和绷带，并能闻到一股医院常有的来苏水味。进村一看，几乎家家躺满了伤病员，医护人员正紧张忙碌地抢救和护理着他们。我们立即放下背包，按照医院交代的任务和分工，迅速投入紧张的工作。

我们见到伤员时，伤员们的精神状态很好，始终保持着我军“重伤不哭，轻伤不下火线”的优良战斗作风。他们服从命令听指挥，尊重医护人员，积极配合治疗；有的依然很乐观，吹吹口琴，唱唱歌；有的还积极要求医生尽快把伤治好，重返战场，杀敌立功。伤员们这种为革命英勇战斗，不怕牺牲的崇高精神，也深深感动和教育了我们。

记得在我当时护理的伤员中，有一位叫张自清的同志，江苏泰兴人，十九岁，小时候读过私塾，高小文化程度。他修长的个子，白白净净，温文尔雅，一身书卷气。不知什么原因，我俩一见如故，我很喜欢他，同时，我发现他也很喜欢我。他是在吐丝口的巷战中负伤的，肠子都打出来了，仍很顽强地坚持战斗，还是指导员下死命令他才撤下来的，多勇敢呀！他在谈到自己的伤势时说：“牺牲我倒不怕，人生自古谁无死，可是我作为一个共产党员，一个班长，未能把敌人的阵地拿下来，完成党交给的战斗任务，而是壮志未酬身先伤，你说遗憾不遗憾？”他的话深深地感动了我，我为有这样一位崇高的战友感到光荣和自豪。

有一次，他喝完我喂的水后，想坐起来改变一下姿势，我便蹲在他睡的地铺上，用力把他抱起来，让他伏在我的背上休息一会儿。可是刚一坐起来，他便要我把他放下，说是要吐。我说：“你不要乱动，要吐就在我背上吐吧，我不嫌你脏……”话音未落，哇的一声，又是水又是血，吐了我一身。我轻轻把他

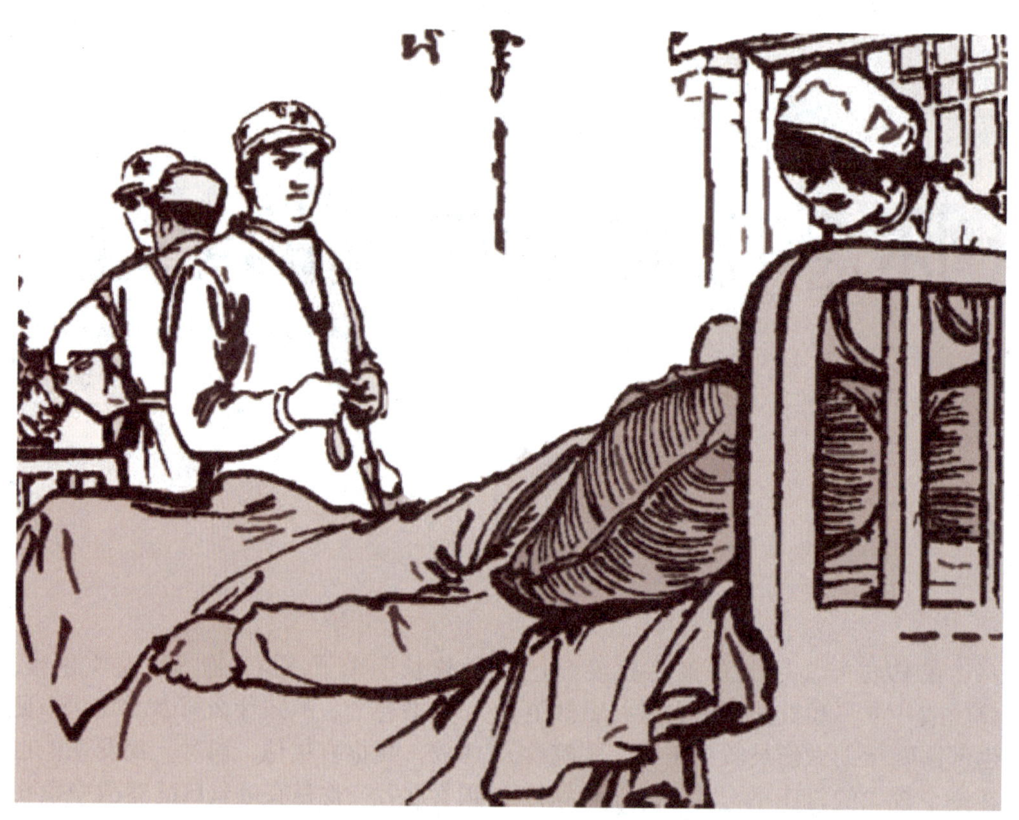

放下，平躺着，迅速叫来医生、护士进行抢救。他脸上充满歉意地对我说：“潘云同志啊！对不起，我把你的衣服都弄脏了，非常感谢你！”他叹口气又说，“看来我不行了。”我当即安慰他：“你的伤还不太重，医院能帮你治好，请不要担心。”

可是第二天下午，当我再次去护理他时，已是人去屋空了。再了解才知道，昨天夜间他突然大出血，抢救无效而牺牲了。噩耗传来，脑子一片空白，我呆呆地凝视着他躺过的铺位，心中怅然若失，逝者已矣，不禁一阵心酸，声泪俱下。多好的小伙子，多好的战友啊！我死也没想到和他的“一见如故”竟成了“一见永诀”！一个不满二十岁的青年就这样为了中国人民的解放事业献出了他年轻而宝贵的生命。

时光飞逝，转瞬之间半个多世纪过去了，很多往事淡忘了，张自清这位战友，却使我刻骨萦怀，终生难忘。新中国的诞生是无数像张自清这样的烈士用鲜血和生命换来的，因此我们应加倍珍惜今天的幸福生活。张自清同志如果能够活到今天，也该和我们一样，儿孙绕膝了，也该和我们一起喜迎伟大祖国的辉煌了吧。

新鞋传情

文/陈英福

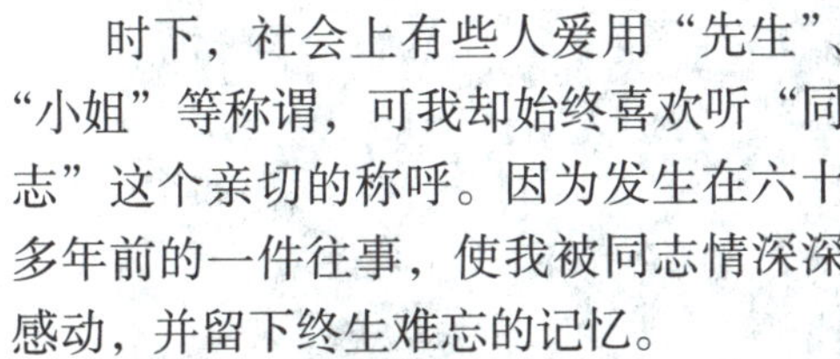

时下，社会上有些人爱用“先生”、“小姐”等称谓，可我却始终喜欢听“同志”这个亲切的称呼。因为发生在六十多年前的一件往事，使我被同志情深深感动，并留下终生难忘的记忆。

1947年初，我在华东野战军第二野战医院工作。我们部队根据运动战作战方针，从苏中、苏北一直撤到山东沂蒙山区。在苏北发给我的一双布鞋，经过长途行军，再遇到沂蒙山区奇峰怪石的磨损，很快就破得不能穿了。于是，我只好赤脚行军，因为经常会踩到尖锐的石块上，以致我的脚两次被磨出了血。当时，我多么需要一双新鞋啊！十七岁的我，联想起参军时母亲为我做的一双双新鞋，不禁潸然泪下。

医务班的女同志发现我的困难后，立即伸出援助的手，他们把个人很少的津贴费凑在一起买布，准备给我做一双布鞋。为了买布，他们分头跑了几个山村，却都失望而归。正在大家发愁时，突然，一双崭新的布鞋送到了我手上。“大家别为难了，我这双新鞋就给小陈同志穿吧！”我抬头一看，送鞋者，是咱们的余指导员，我急忙推辞说：“不行啊！你自己脚上的鞋也快要破了。再说这双鞋是你未婚妻送来的呀，还是你留着穿吧！”“哈哈！我把她给我做的鞋，转送给一个为了解放全中国，正在跟我一起战斗的小同志，意义不是更大吗？”余指导员一边说一边按着我的脚，给我穿上了新鞋。我感动得热泪盈眶。

穿上新鞋舒服多了。虽然连续行军很累，但一想起大家帮我解决鞋子的同志情，力量和勇气又涌了上来，一阵小跑，掉队的我又跟上了队伍。

我是一名小游击队员

文 / 王文黎

1947年，十三岁的我在浙江省永康中学读初中。国民党永康县政府为了镇压当地的共产党游击队，疯狂逮捕游击队员家属作为人质。因为我母亲是游击队员，我这个小女孩也被列入人质的黑名单。幸亏地下党得到情报，通知我迅速离校，并护送我上山，进入游击区，先是“打埋伏”，不久我就成为一名小游击队员，担任起跑交通的任务。

护送我上山的是游击队员老李，出发时天已黑，没有月亮，我们只好摸黑走夜路。老李说：“打游击，走夜路是家常便饭，要练出一双夜视眼，不管天多黑，路多窄，你都能看清脚下的石头、树根、水潭、泥沼，就像猫一样。”他吩咐我紧跟在他身后，看清他的脚步，不要踩空，否则就可能摔跤，滚下山去就危险了。我丝毫不敢怠慢，跟在他身后，亦步亦趋。老李果然像猫一般轻灵敏捷，背上驮着包袱仍健步如飞。我一路小跑，勉勉强强还算跟得上，但走不多时便大汗淋漓了。老李边走边对我说：“从今天开始，你就是正式的游击队员了，要学会吃苦耐劳，把老百姓当作自己的亲人。”为了避免反动派追捕我，他还替我取了个新名字——“雪梅”，说：“记

住，从今天开始你就不叫王文黎，你是雪梅了。”

游击队员个个都是好样的英雄儿女，十三岁的我也闲不住，向大哥大姐们看齐，担负起交通员的任务。跑交通既危险又辛苦，无论刮风下雨，毒太阳或是大雪天，任务来了就得上路。最艰苦的莫过于在烈日炎炎的酷暑中长途奔波，且不说通过敌人层层哨卡会有危险，就是那一个“晒”字，也让人难以消受。那时，永康一带水田里种的都是单季稻，稻秆又壮又高，足可与成年人的肩膀齐平。而我这个小交通员有任务在身，为了安全，就尽可能走田间小路，经常穿行在稻田地垄间。远处的人看不到我，倒是安全了，但烈日当空，无遮无挡，稻田弄里密不通风，气温奇高，且水汽蒸腾。只要你进稻田弄走一会儿，很快就会大汗淋漓，口干舌燥，头昏脑涨，很容易中暑。口渴难忍时，也顾不得稻田里的水臭，掬起来便狂喝一通，过后我居然平安无事，既没中暑又未腹泻，大概是跑路出汗，经受锻炼，增强了抵抗力吧。

十三岁的我跑交通，也有害怕的东西，最怕的是恶狗。记得有一个名叫桐琴的大村庄，有好几条十分凶恶的大狗，它们会一起狂吠冲来，把我团团围住，使我陷入“恶狗阵”。有一回一条恶狗咬住我的裤腿不放，把裤子撕了一个大洞，吓得我灵魂出窍。幸亏狗主人出来吓住它们，我才脱险。后来，一位有经验的老同志教给我一招赶狗的“绝技”：随身带一把雨伞作为驱狗武器。一天我送情报经过“恶狗村”，那群恶狗又一次狂吠着朝我冲来，我蹲下身子，噌的一声撑开雨伞，狗们看到面前的人突然变成一个大圆球，都吓了一大跳，不知道碰到了什么“新式武器”，便纷纷落荒而逃，有一条狗竟然吓得掉进路边的水渠，成为一条落水狗！从此，我再也不怕狗了，不过每次出门跑交通，雨伞是一定要带在身边的。

我们游击队员，一口气走五六十里路是司空见惯不足为奇的。有一次我竟然连续走了十七八个小时，一百八十里路，可算是创纪录了。1949 年 1 月，蒋介石宣布“引退”，回到他的老家奉化县溪口镇居住，该地就在四明山的范围里。国民党军为保证蒋介石的安全，派重兵对我四明山游击队进行“围剿”。我们为避开敌人的优势兵力，跳出敌人的包围圈，便连续行军。当时，我已调到浙东简讯社工作，天天跟随司令部行军。这天要跨越敌人的封锁线了，后半夜忽然有人低声呼叫“浙东简讯、浙东简讯……”接着叫我的名字，我忙答应，原来是马青司令员的警卫员十斤（小名），奉司令员之命来找我，问我“走得动吗？可能要走到天亮呢！走不动就跟我去骑马”。部队为马司令配备了一匹马，司令很少骑，经常让伤病员骑。我说“走得动”。浙东简讯社的社长梅寒白说：“她好着呢，请马司令放心。实在走不动了，我们自己也能解决的。”十斤递给我一个小毛巾包，里面有一个煮鸡蛋和一团米饭，说“这是王大姐（我母亲）叫我带给你的”。这一夜果然走到天亮，顺利地穿过了敌人的封锁线，行军十二三小时，走了一百二十里路。我这个小小交通员练就了一双铁脚板，在长途行军中发挥了作用，没有掉队！

我带全营夜宿大上海街头

文 / 万中原

1949 年 5 月 6 日，渡江追击战结束，第三野战军集结嘉兴以西地区进行淞沪战役准备，主要不是军事上的攻坚准备，而是打进去后的政策纪律学习。同过去政治学习明显不同的就是有基本教材：中国人民解放军的《约法八章》，第三野战军颁发的十项《入城守则》和《外事纪律》，上海地下党汇编的《上海概况》。我时任第二十军五十九师一七五团二营副教导员，因教导员负伤去了后方，全营的政治工作便落在我头上。虽然当年我是从上海出去参加新四军的，结合上海情况讲解这些教材并不困难，但想到要保证五百人的营个个熟记人人做到，还是有压力的。这时六连上报了一个情况：二班战士在房东家屋后挖茅坑时挖出一缸银圆并立即归还屋主。消息传开，全村轰动。我因势利导，组织全营检查渡江以来《三大纪律八项注意》的执行情况，在此基础上，营党委和连党支部分别作决议，个人作保证。

5 月 12 日淞沪战役打响，三野四个军从两侧钳击吴淞口，断敌海上通路。二十军向东迂回到浦东地区作战。二营作为团预备队，此时集结待命。我又利用间隙传达、学习陈毅司令员 5 月 10 日在丹阳直属机关排以上干部大会上的报告和我军进南京违反外交政策情况的通报。24 日我军攻入上海市区，翌日拂晓控制苏州河以南地区。

中午，我营接到命令，除骡马和炊事班留在浦东外，其余全部从周家渡过江。全营在江南造船厂登岸，整理后队伍以行军速度直奔指定地点嵩山区与卢湾区的交界线棘斐德路、吕班路、霞飞路一带（现在的路牌已改为复兴路、重庆南路和林森路）。我望着不同形状的房屋完好无损，从窗户里透出的灯光，同我小时候看到的没什么两样，感到很亲切也很兴奋，我们达到了野战军首长的要求，既消灭了敌人又保护了大上海。

天完全黑下来，攻入苏州河北的兄弟部队，正以陈毅司令员指示“瓷器店里捉老鼠”的战术围歼逃敌。苏州河以南的部队开始部署警备任务，一个团警备一个区，一七五团分在嵩山区，但具体任务还没下达到营，营部只好交代各连派出警戒原地休息。只是这一回要睡在大马路上了。夜深了，各连派出警戒后就在人行道上成班成排地躺下。不消两三分钟，疲惫的战士已抱着枪，枕着米袋，蜷着身，呼呼地打起鼾来。我觉

得心里没什么牵挂，可以睡一会儿，侧身躺在墙角边，将驳壳枪捂在怀里，将放军用地图的皮包当枕头，很快入睡。一觉醒来，觉察身上盖着一件雨披，是爱护我的通信员小王给盖上的，怪不得睡的时间那么长。此时天蒙蒙亮，我清楚地看到战士齐整地躺在一条水平线上保持连、排、班的建制，顿感一阵欣慰。哪知道我军露宿街头却成为上海滩的头等新闻。先是被早起的老人发现，不久便是一批一批男女老少靠拢来，带着非常惊讶又非常过意不去的表情，看战士爬起来，敲打着发麻的大腿，整理行装，安详地坐在水泥板上。

开早饭时，通信员递给我一个米袋，我举起来往嘴里倒炒米粉，干得咽不下去，拧开水壶盖呷两口浦东装的冷开水，再继续吃。市民看得眉头皱了起来，有的请我们去他家洗个脸喝杯茶，有的不声不响跑回家端来热水瓶、递上纸烟，我们都婉言谢绝。他们表示理解，然而又觉得不安，有的竟掉下眼泪。晌午，一群参加护厂护校活动的青少年学生捧着鲜花、香皂来慰问，我们也只能心领了。市民们的热情也感动着淳朴的战士，他们不知道怎么回答好，于是便唱起歌来。“拉起两条飞毛腿”、“打得好来打得妙”的歌声在马路上空飞扬，周围的市民高兴地鼓掌欢迎。

下午，营部和各连的炊事员，从浦东挑来饭菜和开水，大家饱餐一顿。入夜，上海市军管会还没有定下部队驻地。全营继续在马路上露营。有几位上年纪的市民跑来说，弄堂里的过街楼和他们客堂间过道上可以睡人，如果都去睡不开，就请身体单薄一点的解放军进去睡。我们非常感谢市民们的爱护，可又只能诚恳地说我们不能这样做。

5月27日，上海全境解放，共歼敌15.3万人。午后，市军管会安排我营营部带六连驻丽园路海会寺，四连、机炮连驻斜土路康乐烟厂库房（五连驻地记不清），执行警备嵩山区的任务，直至8月1日撤离。两个多月执勤中，我们除参加清剿敌特盗匪和取缔银圆贩子的斗争外，根据团部交代，主要负责区内交通要道警卫，岗哨遍布大世界南阳桥、菜市场、斜桥等交叉路口。我带通信员到哨位上巡查，常常遇到这样的情况，一些市民喜欢站在岗哨不远的地方，对着哨兵没完没了地看，从帽徽、胸章、手中的武器瞧到腿上的绑腿和脚上的布鞋，似乎什么都觉得新鲜有趣，看得我们年轻的战士脸绯红。然而与我谈解放军谈得最多的还是我的一些亲友同学。他们不奉承也不避讳，说上海这个地方，可以说什么兵都到过，英、美、法、日、意等国家都派过军队到上海租界驻防，日本还两次在沪发动侵华战争，“公共租界”的万国商团招募的兵大多是沙皇俄国的俄军。海军更不用说了，差不多西方军舰都停泊过黄浦江。至于中国自己的军队，从清朝旗兵开始，什么太平军、新军、北伐军、中央军、“和平军”都在上海出现过，所以上海百姓说解放军是“从没有见过介好的军队”，这是凭上海人的见识比较出来的。

淞沪战役，我军攻克城市、保全城市，没有停电、停水、停电话，创造了战争史上的奇迹。在军事上取得了伟大的胜利，同时我军认真执行入城政策纪律，获得全市人民爱戴，在政治上取得了伟大的胜利，为祖国和人民留下了宝贵的精神和物质财富，值得我们缅怀弘扬！

生死战友情

文 / 王炳炀

1953年7月8日凌晨3时，在配合友军夏季金城反击战中，我所在的志愿军二十三军七十三师二一八团五连经两昼夜的激战，胜利完成攻坚任务后，奉命撤出战斗。返回途中，部队遭敌机炸弹的袭击，八班长于永冬双腿被炸断，七班战士夏长坡一条腿被炸断。由于是深夜，部队行动匆忙，没有及时发现他们而撤走了。他们各自用急救包简单地包扎了伤口，相互勉励着用双肘顽强地拖着残肢往回爬。小夏每爬几步就回头轻轻地呼唤一声："八班长！"他们就这样前呼后应地爬着，爬着。一会儿，八班长便没有了声息。小夏预感到情况不妙，回头爬到八班长身边，发现八班长已昏迷过去了。他呼喊着八班长，赶紧用仅存的一个急救包给八班长包扎。他以常人难以置信的毅力和勇气，凭着双肘和一条腿，驮着八班长往回爬。由于负重和过度用力，他的伤口大量出血，不久，小夏也昏迷了。

东方渐露鱼肚白，八班长被一排排落在身旁的敌炮弹震醒。他发觉自己趴在小夏的背上，忙用手摸摸小夏，还好，他的心脏还在跳动，鼻息还有一丝呼吸。他连忙撕下自己的军衣，给小夏包扎，并把水壶里仅有的一点点水，小心翼翼地喂进小夏的嘴里，在小夏的耳旁轻轻地呼唤着："夏长坡！夏长坡！"小夏渐渐地苏醒过来，忍着痛说："八班长，我背你！"经过淮海战役、渡江战役的八班长深知：此时若自己再让小夏驮着，这就意味着两个人都归不了队。他用命令的口气说："我是班长，是共产党员，你是团员，你要听我的指挥。现在我命令你先爬回去！如果还有力气，就把我这支冲锋枪带回去，这是祖国人民交给我的，决不能落在敌人手中！"小夏看着相距百余米被敌人探照灯照得如同白昼的敌主峰阵地，又看了看班长，他犹豫了。八班长猜透

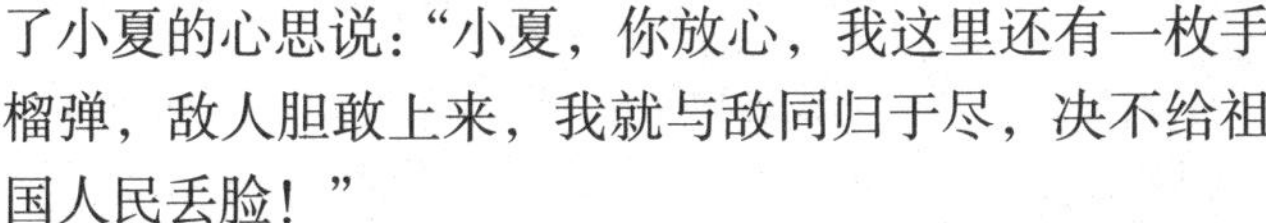

了小夏的心思说："小夏，你放心，我这里还有一枚手榴弹，敌人胆敢上来，我就与敌同归于尽，决不给祖国人民丢脸！"

小夏脖子上挂着两支冲锋枪，爬呀，爬呀！他实在太困了，真想合上眼睡一会儿。他挣扎着把两支枪隐藏在一棵小树下，又艰难地继续前进……当他迷迷糊糊苏醒过来，看到周围的同志正在大声地呼喊着他的名字时，小夏只轻轻地说了一句："请告诉指导员，八班长在小无名高地北坡二十米处，两支枪在小……树下……"说完，这位入伍还不满四个月，年仅十七岁的湖北黄陂籍的小战士，就永远地合上了双眼。

根据小夏说的方位，我们找到了一息尚存的八班长和两支完好无损的冲锋枪。军医告诉八班长："你的双腿必须截肢！"八班长平静地说："好吧！我服从组织！"当他再一次醒来时，第一句话是："夏长坡同志好吗？你们把我背过去，我一定要见见小夏！"为了不让他过分激动，我们只好安慰他说："小夏好的，就在隔壁病房，现在你不能动，等你好一点再背你去见他！"八班长说："如果你们不背我去，我就是爬也要爬过去看他！"说着就要从床上滚下来。我们感到再也瞒不住了，就把实情告诉了他。这时，这位连负伤、截肢都不哼一声的硬汉子，却像小孩一样，放声大哭起来……

一位老红军的生死历程

文/胡　伟　吴爱民　梅险峰

郑位生，福建福安人，1916年出生，1933年入伍，1935年入党，先后参加了土地革命战争和南方三年游击战争、新四军东进抗日，苏中反顽，鲁南、淮海、渡江和解放上海等战役，有记录的战斗他参加了九十二次，负伤五次，被定为三级甲等伤残。郑位生的文化程度不高，加之他在生活中一向低调，这样一位功勋卓著的英雄，到1999年6月去世时，都没有留下一篇记载他战斗经历的文字。

一跤把“拐腿”摔好了

1933年初，中央红军在粉碎了国民党的第四次“围剿”之后，迅速向闽、浙、赣边界发展红军力量，扩大根据地。在家乡被地主折磨得家破人亡的郑位生，拎着几双自编的草鞋投奔了红军，成了红七军团的一名战士。当部队上有人问他叫什么名字的时候，他只知道自己姓郑，没什么大名，投奔革命就是为了生存，负责登记的干部就说，那就叫“郑为生”吧（后改为郑位生）。

郑位生虽然没什么文化，但非常机灵，作战勇敢。不幸的是，在1934年6月的一次反“围剿”作战中光荣负伤。这年9月，经闽东特委研究决定，集中红七军团留下的百余伤员，与独立十三团、福安独立二团以及寿宁独立营共计一千五百余人，成立了由冯品泰任师长和叶飞任政委的闽东工农红军独立师。此后，该师就在闽东地区与数十倍的敌人展开了艰苦卓绝的战斗。

1935年3月17日，敌人向独立师大举进攻，想拔掉闽东大地上的这颗钉子。郑位生带领一个班猛攻猛打，一直突击到敌人的前沿阵地。但是敌我双方兵力相差十倍、实力悬殊，为了保存实力，师指挥部命令部队撤退。就在这时，敌人向郑位生所在阵地进行集火射击，郑位生的右腿内侧被一颗子弹打中，他随手扯下绑腿包扎了一下就跟着部队转移了。经过一天一夜的长途行军，到达宿营地后，小腿肿得跟大腿一般粗。那时的医疗保障跟不上，根本没有军医，他就自己找来一把剪刀把伤口剪开，挤出半盆血也没能找到弹头，然后就用老乡家里的锅底灰敷在伤口上。没想到伤口愈合后，部分组织粘连在一起，右腿无法伸直，走路得拄一根棍子。见郑位生行动不便，组织上便安排他带着几名伤员到山上养伤。

那段时间，郑位生非常郁闷，他担心从此以后自己会失去上战场杀敌的机会。有一天，他带着几名战士到山上拾柴火，在一个山坡上不小心滑倒，滚下山沟，右腿上的伤口被撕裂了，一阵钻心的痛，伤口处还在不断地往外渗血。郑位生想这条腿算是彻底完了，他挣扎着试图站起来，出乎意料的是他那条不能伸直的腿居然能伸直了，试一试还能活动。他一边踉踉跄跄地从山沟里爬起来，一边叫着向战友们报告这个喜讯。从那以后，他精心地呵护着这条“捡”回来的腿，不等完全康复，就急匆匆地下山去找大部队了。

陈老总摘下了他的红军帽

郑位生对红军充满了一种朴素的感情，他认为是红军指引他走上了革命道路。因此，在部队改编为新四军时，他始终不忘自己是红军老战士。

1938年春，部队离开闽东，向皖南集中。途中，部队要换装，郑位生觉得自己是红军，就得穿红军的衣服，死活也不愿换国民党军的军服，戴国民党军的帽徽。“革了几年的命，咋就成了国民党？”他拎着衣服找到当时的团长叶飞。团领导一看情况不对，马上召开干部大会做工作。郑位生觉得首长的话有理，也帮着一起做战士的说服工作，自己却把一顶红军帽藏起来，一直带在身上。

因为作战勇敢、表现突出，1938年冬，郑位生和一批老红军战士被保送到新四军军部教导队集训。陈毅亲自到会讲话，鼓励参加集训的红军战士要在叶飞的领导下，向江南地区挺进，扩大江南地区的抗日力量。听说又要与老红军团的领导一起战斗，还能打日军，郑位生一兴奋，从怀里掏出红军帽戴上了。陈毅走上前摘下了他的帽子，告诉他红军战士作战勇敢，组织上派他们到江南地区新建部队，任务很艰巨，所以希望所有的红军战士要以大局为重，戴上国民党军的帽徽，是为了共同抗日，我们还是共产党的军队。

从此，郑位生铭记着陈老总的嘱咐，

时时处处以党的事业为重。

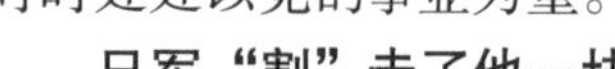

日军“割”走了他一块肉

1941年7月，日伪军集中1.3万精锐部队，在苏（州）、常（熟）、太（仓）地区进行残酷的“清乡”运动，迫害爱国人士，瓦解地方武装。已整编为新四军第六师十八旅的部队，此时正在苏南地区作战，面对强敌的威胁，他们严阵以待。

7月中旬的一天下午，部队接到侦察员报告，一股敌人正在向常熟方向机动，并在一座寺庙里驻扎下来。团指挥部经过分析，命令郑位生带一个营的兵力对敌展开突然袭击。郑位生带着部队躲过了敌人的瞭望哨，但是当他一马当先跃进庙门的那一刻，却被敌人发现了，并遭到了围攻。因为短兵相接，枪都来不及拉栓，只能跟日军展开肉搏。郑位生狠狠地掐着一个日本兵的脖子，没想到旁边另一个敌人盯上了他。郑位生刚刚准备抬脚去踢那个敌人的时候，一把刺刀已经穿透了他的左臂。

敌人被制服了，但是郑位生的左臂却肿得不能动弹。本来夏天就容易出汗，加上敌人的刺刀可能被处理过，在后方医院上药后，伤口始终不见好转。一个多月后，一直还在化脓的伤口处烂了个大坑。郑位生心想，这条胳膊算是被日军废了。但他并没有气馁，他开始练习单手拼刺，单手持枪。

本来准备放弃治疗了，可到了秋天，伤口不流脓淌水了，还结出了硬痂。只是揭掉硬痂后，手臂上留下了馒头大的一个坑。后来郑位生的儿女们问起这处伤的来历，郑位生开玩笑说：“小鬼子们不友好，我请他们‘回家’，他们却硬要‘割’走我身上一块肉。”

群众帮他捡回了一条命

抗日战争胜利后，共产党撤出了南方几块根据地。但是国民党军仍在向解放区进攻。1946年下半年，解放战争爆发，苏中、苏北和淮北地区无日不战，甚至一日数战。

时任团参谋长的郑位生，对国民党的这种行径无比愤恨，每次战斗都冲锋在前。上级领导在会上批评他，说你是个指挥员，不要只把自己当作一个勇敢的战斗员。而郑位生认为全团的每一个人都要自觉冲锋。

在一次遭遇战中，郑位生又站到了队伍的前面，既当指挥员又当战斗员。但是这一仗打得太艰苦，敌人不断派来增援部队，纵队命令他暂时撤出阵地，另谋战机。郑位生带着部队边打边撤，不料被敌人一发子弹击中左胸，当场倒在血泊之中。因为战事吃紧，部队伤亡较大，无法及时救治伤员。战斗结束后，战友们都以为郑位生已经牺牲了。

到了晚上半夜时分，郑位生被一阵寒风吹醒，感到既冷又饿。他试图爬起来，但根本做不到，挣扎了一会儿就又昏过去了。当他再次清醒过来的时候，发现身边还有些树叶，就缓缓地用手把它们扒拢，然后堆在身上御寒。第二天，当地群众在丛林里发现了一息尚存的郑位生，将他救起，并想方设法联系上部队，让他又一次死里逃生。

蒋介石身边潜伏时间最长的红色将军

文/周益 仰文浩

他曾是西北军战将，又是蒋介石的救命恩人，却和周恩来保持着单线联系。

蒋纬国说他是潜伏在蒋介石身边时间最长、最危险的“共谍”；朱德元帅却不止一次称他“有奇功，功不可没”。

他，就是传奇将军韩练成。在他功成身退之前，绝少提及个人经历。周恩来称赞他“要党员身份不要上将军衔”。就连他唯一的儿子韩兢，也是经历了二十余年的探索，才拨开了弥漫在他身边的重重迷雾。

不同寻常的葬礼

1984年3月7日，北京八宝山革命公墓礼堂庄严肃穆，哀乐低回，韩练成将军的遗体告别仪式正在举行。三十六岁的韩兢与前来送别的长辈们握手致敬。这时，从小在军营长大的韩兢突然发现场面似乎有些不寻常。在这个简朴的葬礼上，当时的中共中央政治局全体常委都送了花圈，“与当时其他去世的将军们的葬礼相比，这种规格不禁使人对他产生兴趣。”韩兢说，就是从那时开始，他作出寻父足迹的决定。

当时在韩兢的手上，只有一份父亲写的自传。这是1962年，韩练成应中央军委要求写的十多页的自传，里面介绍了他从出生至1957年的主要履历。1970年，韩练成将自传稿交给儿子韩兢保管。而韩兢也一直将父亲的手稿带在身边。1973年，韩兢上了大学，这时“文化大革命”的余火尚在，为妥善保存父亲的自传稿，学机械专业的韩兢想出妙法，用液压、电工、半导体等专业符号，将文字翻译成只有自己看得懂的编码，原稿则被烧掉。

父亲在把自传稿交给韩兢时，曾叮嘱他要对里面的事实进行核实，因时间久远，有些事情他自己记得也不是很清楚。父亲去世后，韩兢拿出那本编码版自传，反译回来，然后开始一一核实，在历史的迷雾中探索父亲的形象，由远至近，越来越清晰。

解围冯玉祥，勇救蒋介石

韩练成的父亲韩正荣是清军悍将董福祥的部将，董福祥被贬黜回宁夏后，韩正荣也随之来到宁夏安家。1908年，韩练成在宁夏固原出生。1925年投考马鸿逵陆军第七师教导队时借用了韩圭璋的中学毕业文凭，从戎后便以韩圭璋为名，直到1934年任镇江警备司令时才恢复本名。

1927年，韩练成在马鸿逵的军队里当上了骑兵连长。5月中旬的一天，国民革命军第二集团军司令冯玉祥的本部在北伐途中被敌人包围，韩练成率领的骑兵连误打误撞解了这个围，结果他成了冯玉祥心目中“共过患难”的人。

1929年，蒋介石与冯玉祥决裂。蒋介石收买马鸿逵等人倒戈反冯。马鸿逵部附蒋后改编为讨伐军十五路军，马鸿逵升任总指挥，驻守徐州，韩练成也随部跟从。

蒋冯爆发中原大战。冯玉祥的部队包围了蒋介石在归德（今安阳）火车站的“列车行营”，蒋介石成为瓮中之鳖。韩练成当时任马鸿逵部六十四师独立团团长，守备归德。接到求救电话后，韩练成不等后援部队赶到就率部杀进重围，经一夜血战攻入车站，使蒋介石转危为安。

1930年，蒋介石给黄埔军校毕业生调查处下了一道“手谕”：“六十四师团长韩圭璋（韩练成），见危授命，志勇可嘉，特许军校三期毕业，列入学籍，内部通会知晓。”韩练成身披“黄马褂”，成了军中红人。

巧遇张学良

这件“御赐”的“黄马褂”还造就了韩练成与张学良相识的一段趣闻。

1931年，韩练成与新婚妻子汪萍前往北平度蜜月，这里当时是少帅张学良的地盘。在宾馆中，韩练成挂在腋下的手枪不慎被服务员看到。过了一会儿，东北军的宪兵闯了进来。当他们发现韩练成的身份竟是马鸿逵手下的师参谋长时，连忙把夫妇二人请进了东北军的宪兵团部。当晚，韩练成被邀请到张学良府上参加露天舞会，各界名流都来了。舞曲间隙，有人陪韩练成去见张学良。与韩练成握手后，张学良叫过服务生，拿起酒杯对韩练成示意，韩练成一饮而尽。在以后的几天里，北平的要员们纷纷邀请韩练成上门做客。当他离开北平时，张学良还特意送了一份礼品，让韩练成十分意外。

韩兢说，父亲随后又去泰山拜访了正隐居在那儿的“老首长”冯玉祥，在冯玉祥的指点下，他才知道自己身份暴露后，被东北军的首脑们当成了南京派去的秘密观察员，所以才得到这样的款待。

与周恩来同为“七哥”

在对历史谜团的抽丝剥茧中，韩兢

还发现父亲跟周恩来一直保持着单线联系。

韩练成初次与周恩来相见是在1937年。当时国共两党正在商讨抗战策略，韩练成随白崇禧代表国民党前往。席间，周恩来以及中共的抗日态度给韩练成留下了深刻印象。而这期间，蒋介石及国民党的抗日态度却让韩练成非常不解。

1942年，韩练成已是国民党军第十六集团军的参谋长，中将军衔。此时，国防研究院成立，蒋介石指名调韩练成入第一期做研究员。期间，韩练成通过对国共双方投入抗日力量的数据研究深刻认识到，共产党是真正在抗日。当年5月，韩练成找人帮忙要求单独约见周恩来，阐述自己的抗日主张，并想加入共产党。但在听了周恩来的解释后，为顾全大局，韩练成答应继续留在国民党，留在蒋介石的身边，“隐蔽待机”。

有意思的是，周恩来在秘密战线中被人称为“七哥”，而韩练成在朋友圈中也一直被人喊“七哥”，于是周恩来跟韩练成约定：“我的人来，会说是‘胡公’派来找七哥的。”从此，韩练成与党的组织确定了关系，开始了在周恩来直接领导下的秘密工作。除了周恩来或周恩来本人指定的王若飞、董必武、李克农、潘汉年等人之外，不允许任何人和他接触。

韩练成的夫人汪萍从这个时期开始，多次从经济、物资、住宿、交通等方面帮助李克农、潘汉年等人，被李克农誉为“后勤部长”。

“个人安危非所计也”

日本投降后，韩练成被任命为海南岛防卫司令，率部渡海受降。蒋介石要求他“彻底消灭共产党在岛上的游击队”。韩练成受命后，急忙将情况通过秘密途径转告给周恩来。在日后的“剿匪”行动中，韩练成总以“只发现零星游击队，没有发现主要目标”搪塞，有效地保存了我党在海南的武装琼崖纵队。

1946年秋，蒋介石发动内战。韩练成的46军被调往山东战场。在这紧急关头，韩练成千方百计与党取得联系。1947年初，当四十六军经海路途经上海时，韩练成秘密派人找到了董必武同志，在中央的秘密指示与具体安排下，韩练成与华东野战军司令员陈毅商妥了秘密联系的方法。

在随后的莱芜战役中，韩练成将蒋介石的作战意图、完整计划、详细部署和具体指令及时准确地向陈毅进行了秘密通报。此外，他还配合陈毅、粟裕大摆迷魂阵，将国民党军主力引入华野的包围圈中，经过激战，国民党军一个“绥靖”区指挥部、两个军部、七个师共五万余人，全部被歼，“绥靖”区副司令长官李仙洲被俘。莱芜战役俘敌数量之多、歼敌速度之快，都创造了解放战争开始以来的最高纪录。

莱芜战役结束后，韩练成谢绝了陈毅等人让他留在解放区的好意，他说：“只要能为人民有所贡献，个人安危非所计也……大谍之极，亦可无形。”随后，他毅然回到南京虎穴。蒋介石面对当年的功臣，心情很复杂，表面上还算客气，称他为“战役唯一生还的英雄”，但却再也没有给韩练成带兵实权，只委任他为总统府参军。韩练成跟从在蒋介石的身边，在随后的战争进程中帮了不少“倒忙”。1947年秋，韩练成的一名副官突然投江身亡。据韩兢说，韩练成与“胡公”以及李克农等人接头、联络都是由他来办理的。这件事对韩练成来说无疑是危险信号。

事隔不久，白崇禧的外甥海竞强在内的四十六军一些被俘军官陆续被放回南京，韩练成的处境越来越危险。种种迹象表明，蒋介石听到了什么风声。

但是，连韩练成自己都没想到，在这个紧要关头，白崇禧、张治中、关麟征等国民党要员纷纷出手相救，为他放行。最后，韩练成拿着“总统府”的一个参军唐君铂赠送的空白护照，从上海乘飞机到了香港。最后，在潘汉年的安排下，安全抵达解放区。

1948年10月，虎穴脱险的韩练成终于到达了中共中央所在地——河北平山县西柏坡。朱德、周恩来、李克农等领导亲切地同他谈心。当韩提出入党的要求时，朱德说：“完全可以。”周恩来表示：“如果需要我当介绍人，请把材料送给我。”后来经过中共中央批准，韩练成光荣地加入了中国共产党。

西柏坡的小砖房里，毛泽东在欢迎韩练成的简单家宴上，愉快地对他说：“蒋委员长身边有你们这些人，我……也调动得了国民党的百万大军哪！”

中华人民共和国成立后，韩练成在军内外担任过许多重要职务，1955年被授予中将军衔。

莱芜战役中被俘虏的国民党军官兵

投身抗日的香港女战士陈思静

文／梁廉禁

2006年8月，我们在美国探亲期间，参加了中国抗日女战士陈思静的九十岁寿辰庆贺聚餐，共有六十多人参加。陈思静年届九十高龄，但精神矍铄，思绪清晰，谈笑风生。餐会中，幻灯在墙上放映了陈思静年轻时期和在红军部队里的一些照片，席间还展示了她在北京领到的中国人民抗日战争胜利60周年纪念章。

陈思静原住北京，因两个女儿先后到美国读书、工作，并在美国定居，她在国内无亲人照料，十多年前就来到美国，轮流在两个女儿家居住。

我们都是陈思静的远房亲戚，在参加此次聚会后翻阅了她的一些回忆片段，并和她长谈，以下是经整理的陈思静往事回忆——

投入抗日救亡运动

我出生在香港一个辛亥革命军人家庭。父亲陈军衡是广东兴宁县人，早年参加同盟会，曾赴日本士官学校学习，回国后参加过黄花岗起义等重要革命活动。母亲刘瑞云出生于檀香山华侨商人家，在香港加入了中华革命党。我十岁那年，父亲抛下妻子和女儿，扬长而去。我和母亲过着饥寒交迫，靠借、讨、求过日子。十五岁时为了家人生活，我进了中华书局当排书工，每天赤着脚站着工作十二小时，累得头昏眼花。

在中华书局当排书工五年后，对社会的了解增加，思想逐步成熟。当时共产党在香港的活动很多，吸收青年工人去参加唱歌等宣传活动，我参加了一个“海员洋务余闲乐社”。九一八事变以后，日军不断在中国挑衅。宋哲元的二十九路军在喜峰口大胜日军的消息传到香港，振奋人心，我也投入演出、募捐和药品

支援前线等活动中。1937年5月，我参加了香港海员洋务战地救护队学习，七七事变后，就准备担架、行李、药箱、制服等，准备去第五战区李宗仁部队报到。10月间我们出发，共一百多人，香港各界人士到火车站欢送。我随队去了国民党一六〇师。队伍到达南昌，整编数月，准备上前线。

在南昌整编时，队伍中的姚秘书常带领队员去新四军办事处。该处的薛尚实介绍我参加中华民族解放先锋队（即后来的青年团）。我在1937年入团，开始了中国共产党领导下的革命生涯。

此时战事吃紧，日军攻陷了马当要塞，夺下九江、南昌，矛头直指武汉。一六〇师北上参加庐山保卫战。我参加的战地服务团中有不少共产党人，如贺子珍的哥哥贺敏学是一六〇师参谋，团代表陈立平（中华人民共和国成立后任江苏省委宣传部长、南京市市长）、陈良堡（新四军教导员，皖南事变中负伤，死于上饶集中营）等。庐山战役一六〇师打了个胜仗，消灭日军一个联队。

成为中国共产党的一员

庐山战役后，国民党对军队中的共产党人仍有限制。当时蔡廷锴部下的一六〇师师长华振中比较开明，有共产党人愿去延安的，他就发给路费。这样，我随几位共产党人回广东韶关，找到曾生联系。由于去延安的路途已被封锁，我们被安排去桂林新四军办事处找李克农。在桂林只住了两天，就奔赴安徽泾

县云岭新四军军部。到达军部时形势已很紧张，服务团解散，让我们去江苏溧阳一带找新四军一支队陈毅部队。我们冒险通过敌人封锁线，在日军照明弹下穿行，终于到达新四军一支队。我被安排在军需处当会计。1940 年我加入中国共产党。1941 年，新四军新军部成立时，卫生部在大会上宣布，陈思静任会计股长。

1943 年，经新四军第三师师长黄克诚批准，我和师部作战科科长席舒民结婚。席舒民是湖北大悟县人，1929 年兄弟俩都参加了红军。席舒民进了红二十五军，经长征到了延安，以后来到新四军。

我们婚后不久，毛泽东决定选部分干部去延安参加整风学习，席舒民被选上了。根据规定，团以上干部可以带家属。这样，我也随着去了延安。由三师参谋长彭雄、旅长田守尧带队出发，在连云港坐木船过海时，遭到日军两艘汽艇包围，机枪扫射，我方伤亡很大，只能弃船泅渡突围。我幼时在香港海边长大，会狗刨式游水，这时我的游泳技术发挥了作用，将受伤的警卫员和不会游泳的席舒民等拉上小舢板。当时大海茫茫，枪弹如雨，我们奋力向陆地划去。敌艇因水浅不能再追赶了。令人痛心的是，在这次遭遇战中，彭参谋长和田旅长都牺牲了。我们得以脱险。直到 1943 年底，我们才到延安。席舒民进中央党校学习，还当上了中共七大代表。

自强不息　竭尽绵薄

1945 年日本投降以后，中央决定组织人马赴各地接收。席舒民和我一个队，席舒民是参谋长。我们先行军进太行山，后到东北吉林省扶余县（今扶余市），我被分配做区委书记。解放战争中，席舒民在野战军从东北打到华南。我在区里的任务是发动群众，完成土改，征公粮，征税，安排救济群众，组织生产，动员新兵入伍，组织民工支援前线。1950 年，席舒民任桂林军分区副司令，我随军到广西桂林当兴安县委副书记。半年后，书记调离，由我负责县委全面工作。中间遇到过百年少见的大洪灾，我日日夜夜与军民同泡在齐膝的水中，边指挥布置各路援灾人马，边与干部群众一道送衣、送药、送粮，抚慰灾民。经过 10 余天奋战，利用漓山的楠竹搭建了数十座竹屋，灾民得以安身。同年，中南军政委员会主任李明瀚深入灾区，到我们县里住了十几天，颁发奖状，表彰救灾成绩。

我在县委书记岗位上工作了四年，又在铁路洛阳地区任党委书记三年……最后在一机关部委职位离休。

1984 年我收到广西兴安县的邀请信，要我去当年工作过的广西兴安县参加国庆 35 周年和广西壮族自治区成立 10 周年活动。一位姓唐的民兵还认得我，站起来叫我“陈政委”。他说，自己的三个儿子都已致富，生活过得很好。后来，他每年亲自或托儿子来看我，带来了他自己制作的桂林山水盆景作纪念。我和他友谊不断，使我回忆起当年可贵的干群关系。

我这一生，经历过抗日战争、解放战争和新中国的建设，我就在其中奋斗拼搏，去寻找人生坐标，为国家尽一点绵薄之力。

红岩英魂张露萍

文/鲁　男

她有健全的身体，有高尚的理想，更有清白的身心，坚决的意志！挺着胸膛，去应对未来的难关，压平路上的崎岖，碾碎前面的艰难，冲破人间的黑暗！

这是花季少女余硕卿（即张露萍）在1937年秋天奔赴革命圣地延安前写于照片背面的诗句。诗中展示了她的人生理想和澎湃的激情。

余硕卿（原名余薇娜，后改名余家英，学名余硕卿，化名黎琳、余慧琳、张露萍），1921年生于北平。其父余安民是眉山专署专员，四川暂编一师少将师长。她六岁时回到四川，1935年考入成都建国中学。

1935年底，北平爆发了“一二·九”学生爱国运动。成都学生积极响应，掀起抗日救亡的高潮。余硕卿与同学们一道走上街头，参加抗日救亡的宣传活动，演唱《流亡三部曲》《五月的鲜花》等悲壮的救亡歌曲。

余硕卿的同学车崇英，其父车耀先是中共党员。车耀先经常向余硕卿等同学分析时局，讲解革命道理，介绍进步书籍，使她们初步树立了革命人生观。

1936年的秋天，一批青年从西安来成都搞学生运动，他们发展余硕卿等人参加了中华民族解放先锋队（即后来的青年团）。

1937年1月，车耀先等人在成都创办了《大声》（意为抗日救国大声疾呼）周刊。《大声》以“对内和平，对外抗

战”为宗旨，深受爱国青年的欢迎。余硕卿把《大声》视为良师，爱不释手。一次，她与最要好的同学车崇英、周玉斌、杨梦萍在一起阅读《大声》后，手捧《大声》在草地上拍了一张合影照片。余硕卿在照片背面写下了她们共同的心声：

真理织成了她们的心幕，亲爱时刻从心弦弹出，胜利充满了她们的内心，微笑代替了一切情绪。这些礼物是谁的呢？是谁？就是四姐妹握着的它，可爱而可敬的《大声》啊！

1937年七七事变爆发，中国共产党倡导的抗日民族统一战线受到全国人民的拥护，延安成为照耀着前进方向的灯塔。余硕卿决心去革命圣地延安。她要求车耀先给予帮助。车耀先通过重庆八路军办事处、成都学联等关系，把余硕卿、周玉斌等人送往延安。

1937年深秋，余硕卿等十名成渝两地的男女青年来到西安八路军办事处，递交了介绍信。办事处的同志问余硕卿：“你为什么要去延安？那里条件艰苦，吃小米你行吗？”她回答：“延安是抗日的中心，是中华民族的希望。我到延安是为了追求真理，为了摆脱罪恶的家庭。连死都不怕，还怕苦吗？”在八路军办事处的保护和妥善安排下，余硕卿等人于1938年2月3日到达延安。这时，余硕卿化名黎琳。

黎琳先在陕北公学集训三个月，然后转到抗大（中国人民抗日军事政治大学）三大队五队学习。

在延安火热的学习生活中，黎琳思想进一步升华，体魄得到锻炼，对革命前途充满了信心。她在给同学的信中说：“在学习中我懂得了劳动的意义，懂得了人为什么活着。我非常愉快，我信心满怀。生活上艰苦一点，但艰苦能磨炼人的意志。”她在另一封信中说：“我们每天都学习，毛委员给我们上课。大地是我们的课堂，膝盖是我们的写字台。吃的小米加窝窝头，顶好吃。我们除了学习外，还参加劳动。”1938年3月27日，她在给亲人的信中写道：“虽然陕北现在是前线了，但是我们同学两千多人中没有一个怕的，因为大家都相信百战百胜的八路军。这儿是我们训练了多年的边区，也就是根据地，这儿的老百姓不论男女老少，都是有组织的，都能打仗——希望你们不要担心，八路军和边区亲爱的同胞们，是会保护你们的孩子的。告诉你们一个好消息，你们的孩子每天能背三十几斤重的包裹爬八十几里路的山路了，你们高兴吗？”

1938年10月26日，黎琳在抗大三大队学习时加入了中国共产党。毕业不久，她被调到文协（中华全国文艺界抗敌协会）做秘书工作。

1939年秋，经组织批准，黎琳与中央马列学院政治经济研究室的李清结婚。婚后不久，中央组织决定调黎琳到重庆工作，她愉快地服从了组织上的决定。

1939年深秋，黎琳回到成都，在家住了三天，即赴重庆。在离家时，她给亲人留下一张半身照，在照片背面留下赠言：

前程是天上的云霞，人生是海里的浪花。趁着这黄金的时代，努力向着你的前途，发出你灿烂的光华！

1939年11月，黎琳到达重庆，与设在曾家岩的八路军办事处（即周公馆）接上了关系。

中央组织部派黎琳来重庆，原想利

悬挂在息烽集中营旧址的画作，再现了张露萍临刑前的时刻

用她的家庭关系做川军的统战工作，但这时中共中央南方局另有一项重要任务需要黎琳去做。

之前，南方局在国民党军统局电讯处发展了张蔚林、冯传庆等人为中共党员，他们利用工作上的有利条件，把搜集到的重要情报传递给曾家岩周公馆。但这样两点一线的传递方式有较大风险，故南方局打算在两者之间建立一个秘密联络点，使情报的传递更方便、安全。这时，恰逢黎琳来报到。南方局认为，黎琳刚来重庆，国民党特务不认识她，是建立秘密联络点的合适人选，因此决定让她从事这一秘密工作。于是，让她扮作由上海来的张蔚林之妹，化名为张露萍，在外租了房子住下，这里就成为秘密联络点。她的任务是：领导军统局电讯处的五六名中共党员，成立一个中共特别支部；转送情报给周公馆。之后，她转送过不少重要情报，工作很有成绩。

张蔚林是军统局的科员，负责监听重庆地区军用和民用无线电，这对搜集情报十分有利。一次他在值班时，不慎烧坏了一支真空管。该科科长认为不该发生这种事故，怀疑他蓄意破坏，就把他关押在稽查处看守所。张蔚林缺乏战斗经验，竟从看守所逃出来，直奔周公馆请示该怎么办。经过分析研究，南方局同志认为烧坏真空管仅是工作上的过失，最多受点处分，而逃跑则会暴露身份，影响大局，因此决定让张蔚林迅速回去，买个真空管赔上。

稽查处发现张蔚林逃跑后，立即派人寻找，并到他的住处搜查，搜出一个小册子，上面有军统局在各地的电台配置与电台密码。张蔚林回去后立即被押送到军统局本部。

当晚，军统局便派人把电讯总台包围起来，逮捕了共产党员杨光、赵力耕、王席珍、陈国柱。总台领班冯传庆翻墙逃走。他于次日早晨来到周公馆报告了军统局这次大逮捕的情况。叶剑英安排他去延安，并亲自把他送到江边。可是，冯传庆来时已被特务盯上，过江后即被逮捕。

这时，张露萍还远在成都，不知大逮捕之事。军统局用张蔚林的名义给她发电报称：“病重，望妹速返渝。”张露萍刚回重庆，即被特务逮捕。

蒋介石接到报告后怒火冲天，大骂军统局局长戴笠无能，下令将这七名共产党员钉上死镣，囚于白公馆。戴笠亲自严刑逼供。

张露萍说她与张蔚林只是恋爱关系，其他一概不知。不管戴笠如何软硬兼施，她坚决不吐实。

尽管张露萍等人被判死刑，但戴笠想把他们当成人质，迟迟没有执行死刑。

1941 年，张露萍等人被押送到军统息烽集中营。由于没有确凿的材料证明张露萍是共产党员，所以只把她看作是“特务家属”，对其看管较松。张露萍就利用这一有利条件，传递狱中党组织的决定，尽力照顾难友，鼓励大家坚持斗争。据当年与张露萍同牢的难友黄彤光回忆：“我是 1943 年认识张露萍的。她中等身材，精力充沛，性格活泼，看她那样子不像坐牢的人。我当时身患重病，愁容满面，步履维艰，对生活失去信心。可她安慰说‘你不要那么伤感，丧失信心，咱们都年轻，总有一天要出去的。他们这帮家伙早晚要垮台。你应当振作起来’。”

与张露萍同案被捕的赵力耕得了重

张露萍诗作手稿

病，张露萍与狱方多次交涉，争取改善其治疗条件。张露萍还卖掉自己的戒指，给赵力耕买来营养品。

与张露萍同室的难友徐宝芝在狱中生了一个小女孩，张露萍不仅帮她照料小孩，还买来一只生蛋的母鸡喂养，生下的蛋全部给小孩吃。徐宝芝非常感激张露萍，将孩子取名为孙纪萍。

1945 年 7 月，戴笠下令秘密杀害张露萍等人。7 月 14 日上午，女牢管理员通知张露萍，要开释她，马上就走。张露萍知道开释是假，杀害是真。她镇定地换上从延安来重庆时穿的那套薄绒连衣裙，沉着地说：“我知道要去什么地方，死是注定了的，但我并不害怕！”

当张露萍、张蔚林、冯传庆、陈国柱、杨光、王席珍、赵力耕七人被特务押上汽车时，张露萍领头高唱革命歌曲。

汽车开了不久即停下，刽子手叫张露萍等人下来，并让他们跪下。张露萍带头高呼：“打倒国民党反动派！”“中国共产党万岁！”刽子手向这七位中国共产党党员射出罪恶的子弹。

张露萍虽中一弹，但未倒下，她厉声骂道：“笨蛋！”刽子手又慌乱地开了第二枪。张露萍仍坚撑着身体，大吼：“再开两枪嘛！”几个刽子手一起开枪，张露萍身中六弹而牺牲，时年二十四岁。

千古流芳，红岩英魂！

『花木兰』张倩

口述/华仓山　记录/胡海明

1948年，那时我二十三岁，和几个志同道合的进步青年冲破国民党的重重关卡，奔赴安徽大别山，参加了仰慕已久的中国人民解放军。由于我在保育院当过老师，参军后部队首长便安排我到连队当了一名文化教员。期间，我认识了经常来连队巡回医疗的团医疗队队长兼指导员张倩同志。

在和张倩的交往中，我了解了她传奇般的人生经历。遗憾的是，中华人民共和国成立之初，张倩就因积劳成疾去世了。后来，每当我看老电影《战火中的青春》时，就会想起张倩，仿佛张倩就是电影中那个机智勇敢、不畏艰难的副排长高山。

张倩，1921年4月出生于山西省黎县（今黎城县）一个穷苦人家，打小就饱尝生活的艰辛。由于父母都是老实巴交的庄户人，斗大的字不识一个，因此，张倩从小没有名字，乡亲们都叫她“丫儿”。

十五岁那年，父母因病相继去世，她一下子变成了无依无靠的孤儿。从此，她像一只断了线的风筝，四处乞讨。

1939年6月的一天，蓬头垢面、衣衫褴褛的张倩乞讨来到黎县西家镇。这时，不远处传来嘹亮的军歌声，当她得知这是由太行山过来的八路军时，她心头一热，拦住快步前行的队伍，嘴里直嚷嚷：“我要参军，我要参军！”

这时，从队伍里走过来一位干部模样的人，上下打量了一眼瘦小的张倩，和蔼地问道：“小家伙，你叫什么名字？你说说看，为什么要参加八路军？”

“我叫丫儿，”张倩怯生生地说道，“我要打日本鬼子！”

那人乐了：“八路军整天要和凶狠的鬼子斗，很艰苦的，你难道不怕吗？”她响亮地答道：“我不怕！”

那人看她意志如此坚定，又是个孤儿，怜爱地拍拍她的肩膀说道：“好样的，像个男子汉！留下吧，当我的通信员。”就这样，张倩光荣地参加了八路军，后来她才知道，那人是团政委。

参军后，张倩非常勤快，脑子又灵活，每次团首长交给的任务总能出色地完成，战友们也很喜欢这个新来的“小伙子”。但是战友们有时觉得张倩有点怪，三伏天暑热难熬，别人睡觉都赤着膊光着膀子，可“他”偏要穿着衣服睡，有时使起性子来还有点像女孩子……

1940年的8月，在一次反“扫荡”战斗中，张倩所在团担任了攻占桥头堡的任务。龟缩在炮楼里的日伪军仗着火力猛的优势，负隅顽抗。团里组织了几次强攻，都被密集的火力压制了下去。张倩眼睁睁地看着自己的战友一个个牺牲在阵地前，心如刀绞，牙齿咬得咯嘣响。她含着泪主动请缨：“团长，我去把它炸掉！”团长看了看她，思忖了一会说道：“你行吗？”“看我的吧！”说罢，她往腰间插了几枚手榴弹，噌的一声跃出战壕。只见她一会儿匍匐前行，一会儿打滚前进，敌人的子弹在她的周边噗噗作响，大家都为她捏了一把汗。

不多会儿，她就到了距桥头堡不到二十米的地方。只见她快速起身，连着向敌阵地投掷了几枚手榴弹。轰，轰，随着一阵阵烟雾。桥头堡里的敌人顿时鸦雀无声。军号响起，我军乘势冲了上去。但是张倩也在这次战斗中腿部受了重伤，当她得知自己要被送去后方医院开刀取出弹片时，死活不肯去。没几天，伤口开始化脓。团政委见状，厉声说道：“你这个小同志怎么这么顽固？这是命令！”张倩这才极不情愿地去了医院。

医生在为她动手术的时候，方才知道，她是个女儿身。团政委去医院看她的时候还用略带责备的口吻说道：“你这个小鬼，‘保密工作’做得不赖嘛，居然把我这个老八路也给蒙了……”

由于张倩在攻克桥头堡的战斗中机智勇敢，被评为二等功，受到了嘉奖。当时，八路军的《战斗报》还以《花木兰打鬼子荣立二等功》为题，报道了她的英雄事迹。既然“身份”已经“暴露”，张倩只能从一线战斗部队“转行”来到了后方医疗队，由一名通信员变成了一位“白衣天使”。

转眼到了1948年夏季。那天，我正在帐篷里休息，这时已经是医疗队队长兼指导员的张倩背着医药箱，带着两名护士来基层连队巡回医疗。当走到我面前时，战友们对她说：“这是我们的文化教员，刚参军不久。”她高兴地和我握握手，说：“太好了，太好了，有你这个大知识分子在，我们战斗间隙还能学习文化，等全国解放了，我们还要用学到的知识建设新中国哩！”

这是我和张倩同志的第一次接触。

后来，张倩只要下连队巡查，总要来看看我这个小老弟，和我拉拉家常，

交流一下思想，我们成了无话不说的好朋友。有时，她还会给我带来几本根据地出版的理论书籍。

1948年11月，震惊中外的淮海战役正式打响。我因为是个“文官”，根据需要被临时安排在炊事班，负责每天把馒头、煎饼送到前沿阵地上。尽管我很想上前线荷枪实弹地和敌人干上一场，但作为一名军人，服从命令是天职。

这一天的早晨，我背上一筐馒头准备越过敌人封锁线，可是，由于敌机狂轰滥炸，我尝试了几次都没有成功。这时，张倩同志率领的医疗队正好要去前沿阵地救助伤员路过此地，她走过来关切地询问道：“怎么啦？突不过去？”我点点头。她不由分说，夺过我身上的馒头筐子就背在自己身上，然后对我说：“你跟在我后面。”我说：“现在过去是不是太危险？”张倩笑笑对我说：“我们订个协定吧，如果我死了，你往我家带个信；如果你死了，我给你家报个信……”

说罢，张倩就领着我趁着敌机轰炸的间隙，一点一点往前挪，终于突破敌人的封锁线，顺利地将食物送到了战士们的手中。返回途中，张倩对我说：“以后遇到这种情况，不要急躁，要多观察，只要有不怕死的革命精神，再大困难我们也能克服！”

1949年1月，淮海战役结束后，我们部队又“宜将剩勇追穷寇”，昼夜兼程往重庆方向进发。部队在作短暂休整的时候，我总能看见张倩忙碌的身影。当她看见战士们因为“运动战”，脚底板都磨出一个个大水泡，她总是蹲下身，小心翼翼地为战士们挑水泡，还风趣地说：“再这样‘运动’下去啊，我们步兵都快要变‘泡兵’啰……”

重庆解放后，我和张倩同志都因为在各自岗位上的突出表现而受到团部三等功的嘉奖。

此后，部队又马不停蹄地投入紧张的剿匪中。我发现张倩消瘦了许多，总是不停地咳嗽，往日那股风风火火、锐不可当的劲头也弱了许多。有一次，我对张倩说：“你不要太累，注意休息啊！”她不以为然地笑笑：“老毛病，过几天就会好的。”又过了段时间，我从护士口中得知，张倩已是肺结核晚期。

那天，我去战地医院看她，只见她昏昏沉沉地躺在床上，原先那双炯炯有神的眼睛因为疾病的折磨而变得暗淡无光，眼眶也深深地凹陷了下去。

她看到了我，精神顿时振作起来，拉住我的手不无惋惜地说道：“小华啊，我不能和你们一起去剿匪了，一路上你们要多保重啊！……”说着说着，泪水从她凹陷的眼眶里流了出来。

没过多久，张倩永远地离开了我们。

1951年8月，我们部队参加抗美援朝战争。临走的前一天，我独自来到张倩的坟前向她献上了一束小白花，心里默默地说：“张大姐，我要去朝鲜打美军了，回来后，我一定还会再来看您！”

虽然张倩离开我们已经六十多年了，但我不会忘记，是因为当年有千千万万个张倩，为革命而不惜牺牲自己的生命，才会有我们今天幸福的生活。

上海郊区“李向阳”

——记新四军淞沪支队支队长朱亚民

文 / 李赞庭

现今四十岁以上的人，都不会忘记20世纪的一部老电影——《平原游击队》，我八路军游击队长李向阳在人民群众的支援下，设伏青纱帐，县城捣鬼窟，如鱼得水，来去自如，打得日军顾此失彼、如坐针毡，最后全军覆没。电影如实反映了抗日战争的历史，使两三代中国人都受到了教育。

其实，在我们身边，就有一位“李向阳”式的人物——朱亚民。在抗日战争的烽火硝烟中，他带领新四军淞沪支队战斗在上海郊区，与日军、汉奸、顽固派浴血奋战，谱写了可歌可泣的壮丽诗篇。在苏州市带城桥弄的一幢两层小楼内，我专程拜访了九十多岁高龄的朱老。由于年事已高，加上伤病折磨，朱老已卧床多年，只有一只手臂能够活动，生活起居全靠二儿子和儿媳照料。但是老人思维清晰，精神矍铄，谈起当年淞沪支队的事，宛如昨日。

十二支短枪闯浦东

1942年，抗日战争进入最艰苦最困难的阶段。8月底，日军即将对浦东进行大规模的“清乡”。这次“清乡”来势凶猛，敌人沿钱塘江湾的奉贤钱桥开始修筑竹篱笆，全长约一百六十七公里，把奉贤、南汇、川沙三县四分之三的土地都围了起来，企图把抗日武装力量彻底消灭。我浙东区党委为保存有生力量，把新组建的五大队全部撤往浙东。

一天，区党委书记谭启龙找朱亚民谈话，说敌人即将在浦东大规模“清乡”，大部队进去活动比较困难，要求朱亚民带一支精干的武工队重返浦东，坚持在内线反“清乡”，对外仍用“五支队”的称谓。

对于朱亚民来说，这已经是三下浦东了。

1936年9月，朱亚民（当时名朱

复）从上海中华印刷厂来到香港分厂工作，这是个以印刷国民政府钞票为主的官僚资本企业，职工都来自上海。全面抗战爆发后，在共产党的领导下，厂里抗日呼声高涨。国民政府为了打压厂里的抗日进步力量，1939年8月宣布把来自上海的一千四百名工人全部解雇。在香港中共组织的领导下，工人进行了长达七个月的反解雇斗争，震动了全国和东南亚地区。斗争结束后，为了防止敌人迫害，党组织决定将这次斗争的主要领导人——厂党总支组织部部长朱亚民撤回上海。

回上海不久，党组织决定派朱亚民到浦东去带部队。组织上考虑，为了“灰色隐蔽”，不暴露身份，“朱复”的名字在香港已经很红了，必须改名换姓。朱亚民想来想去，“诸”与“朱”同音，就改姓“诸”（后恢复朱姓）。名字呢？自己是全无产者、在旧社会被人看不起，就叫“亚民”吧。“亚”者，“次”也，“亚民”即“次民”也。

1940年5月初，朱亚民到浦东后，在党内任新成立的中共浦东工委军委书记，行政上任南汇县（今南汇区）抗日自卫团第二大队（简称抗卫二大）政治指导员。这支队伍形式上是国民党二区的武装力量，实际上掌握在共产党手里。

从初下浦东，到一年时间将尽，他们粉碎了日军1941年初春的“扫荡”，部队的活动区域由南汇县的二区和七区扩大到奉贤和川沙两县。在反“扫荡”中，朱亚民手部负伤，养伤期间，他到新四军苏北根据地参观学习。

1941年四五月间，朱亚民伤愈不久，组织上决定让他重返浦东。他离开浦东虽然只有四个月，但浦东已发生了很大变化，抗卫二大队已扩大为中共路南特委领导的淞沪游击第五支队，有五百多人，下设四个大队。这一情况引起日军的高度重视，浦东成了重点“扫荡”目标。为了保存有生力量，路南特委把“五支队”主力撤到浙东，让朱亚民回到浦东，领导留下的一些地方武装。他们仍称“五支队”，实际上只有四五十人，在浦东坚持游击战争约一年。1942年8月，在日军对浦东进行大规模“清乡”前，根据区党委指示，他带领新组建的五大队全部撤往浙东。

如今第三次下浦东，坚持在内线反“清乡”，环境更加险恶，任务更加艰巨。

接受任务后，朱亚民考虑到没有大部队可依靠，且回旋余地更小，为此精心挑选了十一个人，配上清一色的短枪。1942年9月初的一天，他们从慈北古窑浦乘船暗渡杭州湾，在敌人的篱笆墙合拢之前返回了浦东。

智除汉奸韩鸿生

这次到浦东，朱亚民才发现，“清乡”和“扫荡”有很大不同。“扫荡”就像扫帚扫地一样，反复地“扫”过来“荡”过去，也叫“篦儿”战术。这好比拉大网，鱼还可以从网眼里漏掉。“清乡”好比车干河水，一条小鱼也漏不掉。过去对付敌人“扫荡”，一般采取分散隐蔽，使敌人“篦儿”扫不到，等敌人“扫荡”过后再集中，寻机消灭其有生力量。而如何对付“清乡”还是个新课题。

敌人“清乡”的战术是：先在大小镇上建立据点，然后有计划地分块“清剿”。他们对重点地区反复“清剿”，对人口密集的大村庄派驻日、伪军，实施“驻剿”。敌人从点、线占领开始，再扩大到面。

开始朱亚民采取“化整为零”的战术，分散隐蔽，以待时机。但光“躲”不打，只能长敌人志气。于是决定“集零为整”，主动出击。

大团镇是南汇县仅次于周浦的重镇，有“金大团，银新场”之称。工商企业云集，交通运输繁忙，居民有近万人。这里也是日军“清乡”的大据点，除驻有日军外，还有一个伪军大队和伪军刘铁城团一部分。

大团镇有个伪商会会长、维持会会长、恶霸地主韩鸿生，日军入侵浦东时，就是他领敌人进镇的，后来当了维持会会长。日军“清乡”以来，他狐假虎威，无恶不作，民愤极大。朱亚民决定首先拿韩鸿生开刀。

大团镇中间有一条河，河东称上塘，河西称下塘。上塘是主街，南北走向。日军司令部在下塘，伪军刘铁城部驻镇北，韩鸿生的家在上塘中街闹市区。这种地形决定了只能智取，不能惊动两头的敌人。

经过周密侦察，反复研究，1942 年 11 月 22 日晚，他们摸准韩鸿生在家，五个武工队员身穿马裤、呢大衣，头戴大英帽，胸前挂着从“清乡”人员那里缴获的“清乡委员会”证章，大模大样地混进了大团镇。朱亚民带其他人隐蔽掩护。

进入韩家，出面接待的是韩鸿生的三姨太。

“韩会长在家吗？”

三姨太一看是“清乡委员会”的人，忙说：“在，在。”便把韩鸿生叫了出来。

“刘团长有事请你去，他在‘棉总会’（当时大团镇上层人物活动的俱乐部）等你。”

韩鸿生信以为真，就毫不怀疑地跟了出来。走到一个偏僻处，武工队员动手结果了这个大汉奸的狗命。

处决韩鸿生后，大团据点里的日、伪军乱成一团，同时敌人内部也闹起了矛盾。韩鸿生的三姨太一口咬定是刘铁城干的，大团镇的伪职人员也指责刘铁城太霸道。当后来知道是新四军武工队干的，个个惊恐万状。

智歼韩鸿生，朱亚民拉开了反“清乡”的序幕。

夜袭苏家码头

1942 年冬的一天，朱亚民得到一个情报，说奉贤苏家码头的“检问所”里驻着三个日本兵和一个班的伪警察。当地人乔阿五同一个伪警察拉上了关系，这个伪警察是外地人，在日本兵面前吃过亏，有不愿做亡国奴的表示。他通过考察，确认这个伪警察是真心想反正，而且容易麻痹敌人，是个动手好机会。

苏家码头在奉贤县（今奉贤区）盐行乡第六保，距武工队驻地有几十里，中间要经过多条封锁线。1943 年 2 月 26 日，朱亚民把全部人员集中到南汇中心桥，趁夜幕降临，进行长途奔袭。经过大村庄前，他们先派人打招呼，叫站岗的老百姓等武工队通过后再敲锣报警。遇有日本兵、伪军把守的桥梁要道，就抄小桥小路绕行。十余人在夜幕掩护下，按时赶到苏家码头。

凌晨 3 时，敌人换岗，接头的伪警察出来放哨。按事先约定，他点燃了一支香烟，用烟头火光发出信号，我方用手电筒光应答。

确认无误后，一个小组跃进哨所，与这个伪警察会合，在他的带领下迅速冲进路西的伪警察住处，当场击毙妄图

顽抗的伪警察两名，其余人员均举手投降。

与此同时，朱亚民带一个小组迂回到路东日军住处，以窗户为依托，对准正在酣睡的日军一阵猛射，三个日本兵连哼都没来得及哼一声就全部毙命。

这场战斗，前后仅二十分钟，击毙伪军五人，俘获伪警察九人，缴获步枪十余支，我方无一伤亡。伪警察经教育后全部释放。

由于这次战斗行动隐蔽，枪声不密，附近地区的敌人都没有出动。朱亚民趁周围敌人还蒙在鼓里时，带领武工队迅速撤离战场，连夜急行军，跳出奉贤境内，来到南汇周家弄一带休整。

第二天，敌人出动一百多人，包围了苏家码头一带，整整搜索了一个上午，一无所获。最后只好拉了几个民夫，抬上三具日军尸体，返回奉城据点去了。

这一仗，打破了日军精心布置的“清乡”封锁线，此后敌人再也不敢在苏家码头设立“检问所”了，当地群众无不拍手称快！

频频出击青村港

奉贤的青村港，地处奉城头桥以西，齐贤以东，周围是敌伪军密如蛛网的据点，相距都不过四五里，“清乡委员会”的密探、汉奸活动十分猖獗。为了打击敌人的嚣张气焰，朱亚民在这里布置了一个行动小分队。

一天，小分队探知日军宪兵队密探周鹤侠，经常在青村港镇的三兴饭店吃饭，就派出两名队员化装成老百姓，从小路摸进青村港，埋伏在三兴饭店里守候。傍晚时分，周鹤侠从外面“清乡”回来，下馆子准备吃晚饭，刚跨进门，就被武工队员拦腰抱住，押出饭店就地正法。

青村港驻有一个敌伪警察分所，有七八个伪警察。警察郑贵卿以为有日本人撑腰，敲诈勒索，吃喝嫖赌，五毒俱全。小分队派出三名队员，化装成生意人，两名队员守在镇外，一名队员带着郑贵卿熟悉的一个朋友直闯伪警所，找个借口将郑贵卿骗了出来。走到镇边时，事先埋伏的两名队员一拥而上，把郑贵卿押到镇西北的韩家塘附近，用铁器将其击毙，为民除了一害。

5月中旬的一天，汉奸、密探吉家田正在饭店吃饭，两名便衣队员闯进饭店将其抓获，当众宣布：“吉家田是汉奸，罪大恶极，我们代表人民予以镇压。”说完，将其拉出饭店在空地上击毙。

7月下旬，驻扎在奉贤钱家桥的伪警中队二十一人，雇民船一艘向北赴青村港。下午，伪中队长带十二人步行，其余八人乘原船返回。当他们的船驶抵杨家滩附近的护塘桥时，我小分队根据情报，早已在此埋伏迎候。一个突然袭击，当场击毙一人，缴获长枪八支。

1942年4月中旬至7月下旬的三个多月间，小分队在青村港一带连续出击，打得敌伪提心吊胆，只得龟缩在奉城、齐贤、头桥等大据点里，不敢贸然行动。青村港一带也就成了游击队活动的天下。

智夺“九六式”轻机枪

钱家桥是奉贤东南重镇，镇上驻有日军一个小队，有十多人。小队长赤口，精通汉语。这帮日本兵文化水平较高，诡计多端，为了对付游击队，专门研究游击战术，威胁较大。尤其是据点里配备了一挺日本最新的“九六式”轻机枪，更让武工队眼红。这种轻机枪比原来的

“三八式”机枪优点多——携带方便，可以提着走，有夜光瞄准器，装的是上插梭，子弹不易卡壳，撞针不易折断，有快慢机装置，还可以上刺刀，在当时算是最现代化的轻武器了。如果能把这种新式武器弄到手，对敌人是一个沉重打击，我方的装备也能大大改善。

为了摸清敌情，朱亚民派人侦察了很长时间，并策反了据点里的三名伪军。

1943 年 3 月 29 日晚，朱亚民率队从奉贤四团一带出发，一路奔袭，晚上 10 时赶到钱家桥据点。他把三十多人分成三个战斗小组，一组对付伪军，一组进入据点消灭日军，一组在外警戒并随时接应。

在三名伪军的策应下，战斗进行得非常顺利。日军的那挺“九六式”轻机枪一发子弹没打，便成了武工队的囊中之物。日军小队长赤口那天晚上在花鹤茶馆赌博，听到据点里枪声大作，不敢回去，急忙溜之大吉，捡了一条狗命。

这次突然袭击，前后不到半个小时，击毙龟山秋藏、市川岩次郎、小山薰等日军四人和伪军一人，重伤日军两人，俘获伪军四人。缴获“九六式”轻机枪一挺、步枪十二支、短枪一支。我方无一伤亡。

朱家店痛歼日军

从 1942 年 9 月到 1943 年 8 月，在一年的反“清乡”斗争中，朱亚民的武工队从原来的十二人发展到一百多人，拥有机枪四挺，长短枪七十多支，迫使日军建立起来的近百个据点缩减到二三十个。根据形势的发展，新四军浙东纵队决定将浦东五支队番号改为“新四军浙东纵队浦东支队”。

1944 年 8 月 21 日，浦东支队队部和三个主力中队驻扎在南汇朱家店以南的几个自然村里。侦察员获悉，周浦镇据点的日军，要配合南汇、新场据点的日军，从周浦出发到六灶，再转向新场进行一次“清剿”。

朱亚民认为，日军从六灶转向新场，再回周浦，必定要走朱家店，不妨在这里打敌人一个伏击。之所以选择朱家店，是因为这里地形非常有利，有河流、有池塘、有制高点、有开阔地、又有青纱帐，而且离敌人据点较远。3 月 20 日，部队曾在这里打过一仗，大家对地形很

北宋抗日革命烈士墓

1944 年 3 月 28 日，我新四军淞沪支队在南汇朱家店袭击日军后，在支队长朱亚民率领下，分水、陆两路向奉贤头桥北宋村转移，并在这里同日军进行了一场以少胜多、以弱胜强的突围战。为了让后人永远纪念淞沪支队在战斗中牺牲的四十八位抗日烈士的英勇事迹，激励后代保卫和建设伟大祖国，原奉贤县人民政府于 1968 年 4 月 5 日在当时的头桥乡北宋村修建了北宋抗日革命烈士墓，并立碑纪念。

熟悉。

根据敌情和地形，朱亚民作了兵力部署：张宝生带一个班，配一挺“九六式”机枪负责断敌退路；张锡祚带一个班配两挺机枪从正面打击敌人；陈金达带一挺机枪控制制高点；顾志清负责把十六枚手榴弹按四枚一束扎好，打开保险当地雷使用。

各班按计划，中午12时前进入预定位置。

这次下来“清剿”的是日军一个小队，共四十七人，由小队长龟田率领。他们在翻译陪同下，上午10时多到达六灶，在那里吃了一顿丰盛的宴席，下午1时酒足饭饱后，大摇大摆向朱家店我伏击圈走来。

当日军全部进入伏击圈后，随着朱亚民一声枪响，顷刻，正面、侧面埋伏的战士机枪、步枪齐发，手榴弹做成的地雷也连续爆炸，敌人不知所措，乱成一团。

这次伏击战，从打响到结束，不到一个小时，共歼灭日军二十四名（仅十三名日军带八支步枪逃回周浦据点），缴获掷弹筒一具、机枪两挺、“九九式”新式步枪十支（当时日军最新式的步枪）、其他枪支二十多支，还有太阳旗、望远镜等多种物资。我军仅牺牲一人。

日军在朱家店受重创后，驻南汇大本营的司令官召集全县伪区长、乡长训话。他直言不讳地承认：“东洋先生的明白，区长的30%相信东洋先生，乡长的一半相信东洋先生，保长的通通的不行。诸亚民的部队，狡猾狡猾的、坏东西的！”为了报复，日军出动日、伪军数千人，在南汇地区进行了整整半个月的“扫荡”。此时的朱亚民，早已带领部队跳出南汇，转移到海塘一带休整！

朱家店伏击战，对浦东的日军打击很大，因为这是他们进入浦东以来伤亡最大的一次。此后，那些小据点的日军全部撤回大据点，少数日军再也不敢出来“清剿”了，伪军则纷纷“示好”。

中华人民共和国成立后，朱亚民指挥的朱家店伏击战，作为步兵连第一个优秀“进攻战例”，被写进了教材。

在整个抗日战争中，朱亚民率领部队歼灭了大批日军和一千五百多名伪军，策反了数百名伪军反正抗日，成为淞沪地区抗击日伪的主要力量。

1944年11月，朱亚民由十二人短枪队发展起来的浦东支队整编为新四军浙东纵队淞沪支队，部队发展到一千五百多人，而且武器弹药充裕，装备精良，朱亚民仍任支队长。

如今，抗日战争胜利已经六十余年了，然而在上海浦东七十岁以上的老人中，“诸亚民”的名字仍然牢牢刻在他们的脑海里，他们仍在向子孙们讲述着“诸亚民”打日军的故事……

我们衷心地祝愿朱亚民老人健康长寿！

史沫特莱

史沫特莱
英勇保护宋庆龄

文/汤　雄

1931年10月，四十一岁的美国女子艾格妮丝·史沫特莱应宋庆龄之邀，担任了她的英文秘书。她不仅文字功底了得，而且还肩负起保护宋庆龄安危的重任。当时，由于宋庆龄频繁营救革命志士，蒋介石把狠毒的目光瞄准了宋庆龄，并欲除之以绝后患。

初秋的一天，宋庆龄刚参加完一个聚会，正乘坐出租车回家，身边坐着秘书史沫特莱。行驶途中，突然路面上两个衣衫破烂的男人厮打着站到了马路中央。汽车根本绕不过去，只好停下。坐在后座的史沫特莱按住了宋庆龄，道：“夫人，您别动，我看这两人贼眉鼠眼的，不像是好人呢。”说着，她便推开车门跳了下去。

岂料史沫特莱双脚刚一落地，那两个男人便一起扑了上去，早有准备的史沫特莱双手叉腰，严严地堵在汽车门口。只见那两个男人围向车子，并冲着她喊道：“我们打架，管你这个洋婆子什么事？”此时，她已看清对方是何等人物，她一边阻挡他们进一步的举动，一边对车前的司机用汉语大喊道：“快开车！”司机急忙踩动油门，把车开了出去。

两个男子见计划落空，双双挥掌抡拳，向史沫特莱扑来。马路一边目睹整个过程的其他几个同伙，也围了上来。还没等他们围上来动手，史沫特莱就从身上摸出一只哨子放在嘴里用劲地吹了起来。两个全副武装的法国警察闻声跑来。

其实，在史沫特莱身上，常年戴着一把从美国带来的防身用的勃朗宁小手枪。以她的个性，国民党特务的行动一旦真的威胁到宋庆龄的生命安全时，她绝对会亮出身上的那把勃朗宁以保护宋庆龄。她曾经说过：“一个人要是真下了决心，就什么事都干得出来！我可不是富贵人家出身！”

在蒋介石政权的白色恐怖下，宋庆龄与中国民权保障同盟做了许多不为人知的营救工作。图为宋庆龄与部分成员合影（右起：黎沛华、史沫特莱、宋庆龄、鲁迅、林语堂）

“郎中”机智除汉奸

文/荆田中

这是发生在1939年秋天的一个真实故事。

当年江苏金坛东门外十里，有个小埴镇。镇前是东西长十多里的湖泊——钱资荡，荡中是一望无际的芦苇，日军来了，芦苇滩是个藏身的好地方。芦苇滩间有一条岸埂直达对岸的岸头镇，那里更安全。钱资荡以南是新四军活动地区。小埴街上店铺林立，人来人往，生活用品，应有尽有。当地百姓称小埴为“小上海”。

一天，小埴街上来了个卖零头布的小贩，身着长衫，头戴礼帽。高喊着：“卖零头布……零头布！”原来，此人投靠日军，当了汉奸，杀害新四军战士，经常敲诈勒索老百姓，衣袋里塞满了钞票，由此，老百姓给他起了个绰号——“钞票”。他假扮小贩卖零头布，为的是刺探新四军在小埴的活动情况。

过了两天，街上又来了一个卖草药的郎中，在卖零头布的右边，摆下摊子。他高喊着：“卖草药……看病不要钱……”这个“郎中”是奉命前来除“钞票”的，领导给他的指示是既除害又不给地方添麻烦。当天下午3点，他的草药几乎已售罄。他一边收摊子一边对还在吆喝卖零头布的“钞票”说：“当地人熟，生意好做。我俩一起去对面酒店，我请客，交个朋友嘛！”“钞票”感到有些突然，但又想：既然他“当地人熟”一定了解新四军的活动情况，说不定碰上好机会……何况自己有家伙在身……便客气了几句，也就收摊子了。两人走进酒店，“郎中”笑着说“后厢有座位”，并让“钞票”走在前。

刚进后厢，说时迟那时快，“郎中”倏地抽出手枪抵住“钞票”的脑袋：“不许动！”同时缴了“钞票”的械。“钞票”举起手颤抖着说：“有话好说！”“郎中”说：“你老老实实护送我出门向东南走三里，决不为难你。”“钞票”一心只想保命，连连点头称是。

出酒店后门走行人少的后街，“钞票”走在前，“郎中”紧随其后，隐在褂子里的手枪几乎抵在“钞票”的后背。街上的人们并未留意。

穿过街道，往东南是一片田野，沿着田间小径来到一处灌溉渠边，“郎中”向湖面挥了下手，只见芦苇滩间摇出一条小船。“钞票”如梦初醒，猛地转身欲

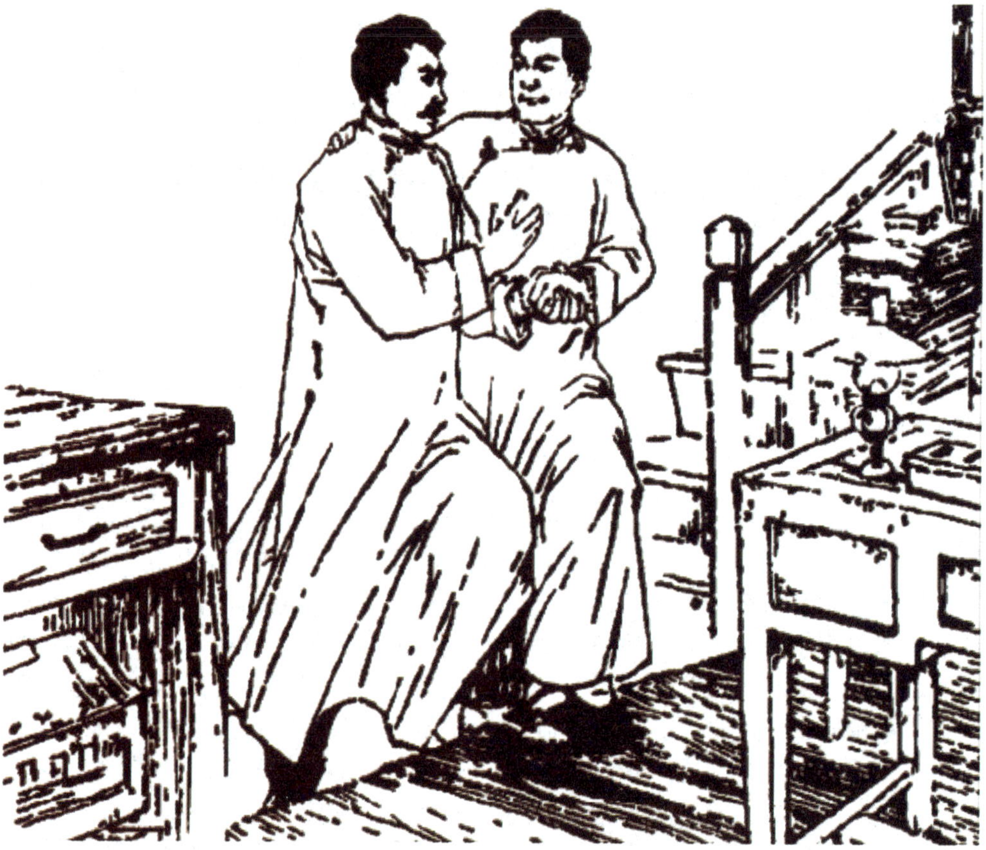

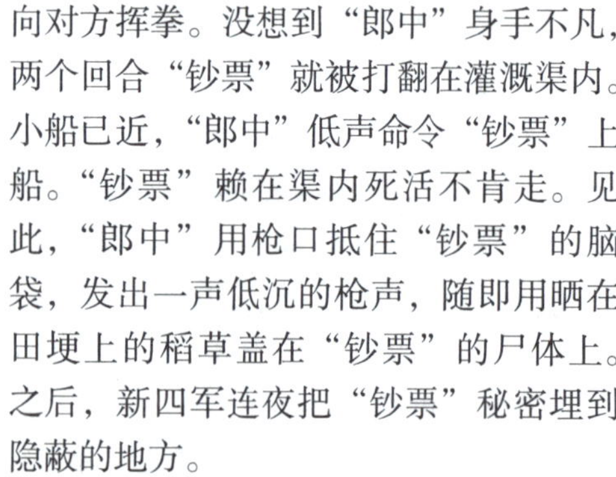

向对方挥拳。没想到“郎中”身手不凡，两个回合“钞票”就被打翻在灌溉渠内。小船已近，“郎中”低声命令“钞票”上船。“钞票”赖在渠内死活不肯走。见此，“郎中”用枪口抵住“钞票”的脑袋，发出一声低沉的枪声，随即用晒在田埂上的稻草盖在“钞票”的尸体上。之后，新四军连夜把“钞票”秘密埋到隐蔽的地方。

几天后的一个早晨，大批日军和伪军突然包围了小坵镇，日军把乡亲们集中起来，逐个追问：“新四军的有？”大家都回答：“不知道。”折腾了几个小时，无计可施的日本兵抓住个白发老人喝问：“你的干什么的？”老人回答：“我每天上街喝茶。”日军说：“你每天上街，一定碰上新四军或者陌生人，嗯？”老人若有所思地说：“陌生人？有啊，我看见个卖零头布的。”日军得意地追问：“卖零头布的哪儿去了？”老人不慌不忙地说：“我好像记得那天那个卖零头布的紧搂着一个女人往西走的，后来嘛，就不见了，谁知道他哪儿去呢！”翻译把老人的话向日军翻译了一阵，日军头目听了先是怔了一下，继后发出一阵淫邪的笑声：“‘钞票’花心大大的！”随即率队伍悻悻北去。

后来，有人说那个白发老人也是新四军派来的。

血战后堡桥

文 / 胡大龙

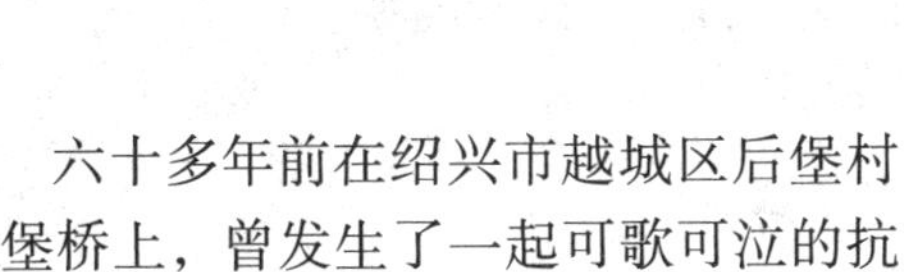

六十多年前在绍兴市越城区后堡村后堡桥上，曾发生了一起可歌可泣的抗日救国事件。

1941年9月9日上午10时许，由于汉奸告密，驻扎在上虞东关的日军开着一艘汽艇偷袭后堡村。狡猾的敌人在村口设伏包抄胡家祠堂。一村民发现后，立即跑向抗日自卫队大声报警。正在上课的队长朱铁群组织全队一边阻击一边撤退。只见他挥着双枪，弹无虚发，压得日军抬不起头来。穷凶极恶的敌人集中火力向队长这边冲过来。在这万分危急的关口，指导员叶向阳立即向队长靠拢配合阻击敌人。两位负责阻击的战士以桥栏为掩护，不让敌人挨近一步。穷凶极恶的敌人集中火力向队长和指导员射来，他俩终因寡不敌众倒在桥沿下壮烈牺牲。

战斗打响后，事务长胡子青一面指挥战士撤退、一面把敌人的火力引向自己。他转身快步跑入一个农家大台门，只见台门内坐满了搓绳的村民。机警的村民将一根草绳塞给他，让他佯装搓绳。敌人追至台门时，始终分辨不出谁是村民，谁是自卫队员。于是恼羞成怒的敌人接连鸣枪示警。此时，事务长想到的是后堡村人民的安全，毅然起身徒手和众多的敌人展开了搏斗，势单力薄的他不幸牺牲在胡家老台门的石门槛上。战士陈冬，是队伍中年龄最小的一个，他的行动十分机警敏捷，水性又好，是全队的侦察能手。战斗打响时，他故意把敌人的火力引向河边，然后一头扎进了河中，欲潜水到敌人后面袭击机枪手。谁知在汽艇中的敌人发现了他，当他刚浮出河面时，罪恶的枪声响了，清清的河水顿时泛起了圈圈殷红的涟漪。在战斗中，有一个刚入伍不久的新战士倪蛟龙很勇敢。他冒着敌人密集的枪弹，一个箭步冲出门外，又迅速地匍匐至祠堂东面的一堵矮墙下，面对着凶恶的日军，他面无惧色，沉着地开枪射击，掩护全队战士往后门撤退。他却不幸中弹，血洒战场……

最后一位离开祠堂的是副指导员王光生。当他销毁最后一叠文件时，村中各条要道已被日军封锁，他立即跑入一条民房小弄。在万分危急的关键时刻，友生大妈一手将他拉进了一间低矮的民房农舍，自己却倚着家门不慌不忙地织起了渔网。跟踪而来的日军，端着明晃晃的刺刀，叽里呱啦地吼叫着。此时，她面不改色若无其事地指向别处，机灵地打发走一个又一个的日本兵。战斗结束后，友生大妈又用小船将王光生送至邻村安全地带。

村民流着眼泪将五位烈士的遗体运至邻村的广福庵掩埋。每年清明前后“后堡抗日五壮士”的坟墓上就插满了朵朵美丽的鲜花……

浙江后堡桥

后堡桥位于浙江省绍兴县（今绍兴市）樊江乡后堡村。此桥因桥上有至今尚存“冲过钱江”“誓复失地”的抗战标语而闻名。抗战时期，朱铁群同志曾在后堡桥一带坚持抗日。此桥为单孔石平桥，长 12 米，宽 1.7 米，高 3.3 米。桥东、桥西的桥坡石阶各为八级和十八级。桥南接五孔引桥，长 12.5 米。该桥现为县级重点文物保护单位。

新四军中的"八女投河"

文 / 曹晋杰

20 世纪 40 年代，沈阳女作家白朗（刘东兰）的报告文学《八女投江》，写东北抗日民主联军的八位女战士，在与日军激战中，身陷绝境，高呼"不能凯旋而归，只能光荣赴死"，毅然手挽着手一起跳入波涛滚滚的洪流中，壮烈殉国。这篇报告文学，震动全国各大解放区。中华人民共和国成立后，《八女投江》被改编成电影，在国内外放映，以冷云为首的八位女烈士更成了家喻户晓的英雄。可是，坚持华中敌后抗战的新四军英烈中的"八女投河"却鲜为人知。

1941 年夏，驻泰州日酋南浦襄吉，亲率 1.7 万日伪军，从东台、溱潼、兴化、陈洋四路直扑盐城，妄图一举歼灭皖南事变后刚刚在盐城重建的新四军军部。为了粉碎这次大"扫荡"，陈毅代军长、刘少奇政委决定，新四军军部主动撤出盐城，向建湖、阜宁等地转移。鲁迅艺术学院华中分院的四百多名师生，也分成两个队，文学系、美术系为一队，由黄源、莫朴率领，随军部转移；戏剧系、音乐系和普通班为二队，由丘东平、许晴、孟波率领，向盐城西乡楼王庄一带水网地区转移。"八女投河"的悲壮故事，就发生在鲁艺华中分院二队转移途中，与日伪军的一次遭遇战。

鲁艺华中分院二队师生，在丘东平、许晴、孟波带领下，于 7 月 23 日凌晨从湖垛附近出发，经陶家舍、吉家庄来到北秦庄，当时天空下着雨，田间小道泥泞难行，到北秦庄时已是黑夜，虽只走了几十里路，大家却都累得走不动了。丘东平他们决定，在北秦庄临时找一个祠堂，用稻草往地上一摊，让大家休息一下。丘东平他们并不知道，中共中央华中局机关报《江淮日报》报社和印刷厂的同志，已经在北秦庄住了几天，当天上午就撤走了。驻古基寺的日伪军得知江淮日报社和印刷厂住在北秦庄的消息，连夜赶来"围剿"，却被刚赶到的鲁艺华中分院二队师生碰上了。

7 月 24 日凌晨，丘东平他们派人把睡梦中的二队师生叫醒，从北秦庄出发，准备渡过皮岔河，前往较安全的楼王庄。这时，雾气沉沉，晨光微露，许晴带领战斗班的八名男学员，每人一支步枪、四五颗手榴弹，走在最前面，中间是丘东平带领的女学员，孟波和其他师生在后面跟进。湿漉漉的田间小道，一步一滑，队伍走得稀稀拉拉，丘东平不断地小声告诫大家，要保持行军距离，不准互相交谈，要注意隐蔽，可仍有人违反行军纪律。丘东平焦急地几次发火也没

九位女烈士

姚莲娟　季慧　李锐

李馨　方青萍　宋莹

王海纹　叶玲　《救亡日报》女记者高静

有用，他们都是不久前刚从国统区、沦陷区的城市里来的学生啊！

前方出现了一条白茫茫的大河，河上有一座木桥。这时队伍越拉越长，到过桥时，前后已无法呼应。过了桥还是田间小道，两旁是大片半人高的水稻田，清晨的露水已弄得大家衣履尽湿，有些学员低声埋怨。突然，听到许晴和战斗班同学们发来警报："蹲下"。远处，皮岔河堤上出现了影影绰绰的队伍，河面上又传来"突突"的汽艇声，大家已经意识到有敌情，都匍匐在泥泞的田埂上。层层叠叠的稻苗，像青纱帐那样屏障着，照理敌人是无法发现的。这时突然发生了意外，已上了河堤的日伪军，发现了战斗班的学员，开了枪。许晴看敌人是有目的而来，猛转身，向后挥着手臂，用嘶哑的喉咙大喊："同志们，有敌人，向后撤……"嘶哑的喊声中，日伪军手中端着枪，摆成弧形阵势，凶猛地扑过来，同时响起了密集又清脆的三八式步枪声和稀疏的掷弹筒声。战斗班的学员用老式步枪还击，手榴弹一个接一个投向敌人。敌人的吼叫声和同学们的怒骂声混成一片，震耳欲聋。

华中鲁迅艺术学院殉难烈士纪念碑

1941 年夏，日伪进行夏季"扫荡"，鲁艺华中分院师生根据中共中央华中局的决定于 1941 年 6 月 22 日撤出盐城，转移到盐城县五区（今建湖县庆丰乡）。7 月 23 日傍晚，鲁艺华中分院二队从军部驻地左庄以东的陶家舍出发，准备去楼王庄一带。7 月 24 日凌晨，两百多名师生在北秦庄宿营时遭遇了前来"扫荡"的日伪军，在这场遭遇战中，鲁艺华中分院二队的丘东平、许晴等和新安旅行团负责人张平、张杰等三十多位师生不幸牺牲。

丘东平已浑然忘却一切，他挺立在田埂上，不顾敌人已经向他冲来，一心想着战友和学员们是否脱险，挥动他的"勃朗宁"，对学员们大喊："冲过桥去！冲过桥去！"敌人一边喊叫着一边蜂拥冲来，丘东平趁一阵机枪扫射的间隙，迅猛地冲过了桥，却又在桥头停步。他见敌人疯狂地在田间搜索，忙又回来寻找滞留在桥边的同学。这时敌人又转回头，丘东平又冲过桥去……他根本没有考虑过死神是否会降临。

阻击敌人的战斗班八名男学员，一会儿就把子弹全打光了，手榴弹也扔完了，许晴叫大家"迅速后撤"，他自己手举盒子枪，留下作掩护。此时敌人一梭子弹扫来，许晴中弹倒下了。

就在二队师生大部分冲过桥去，脱离危险的时候，戏剧系八名年轻女学员被日伪军堵在了桥南河岸上，她们手中只有乐器和演戏用的道具。敌人边狞笑着狂叫"花姑娘的有，抓活的"，边向她们逼近。戏剧系党总支委员李锐，河南商城人，她见敌人机枪封锁了桥头，大家已无法冲过去，便高声说道:“同学们，不成功，便成仁，我们宁死也决不能让敌人活捉了去！”说完，她率先跳入河中。戏剧系女生班长叶玲，浙江平湖人，她见李锐跳了水，毫不犹豫地喊道“同学们，我们宁死不受辱”，跟着跳下水。冲在最前面的几个敌人，正要伸手去抓女学员宋莹，宋莹纵身往水中一跳，一个日本兵立即用刺刀朝水中捅去，正好刺中宋莹头部，水面涌出一片鲜红。戏剧系女学员副班长、上海姑娘王海纹，还不满十八岁，长得漂亮，戏也演得好，曾在《重庆交响曲》一剧中，扮演孔祥熙的二女儿，将孔二小姐在官场和商场上的狂傲、狡诈、贪婪表现得活灵活现，曾受到陈毅、刘少奇、赖传珠等新四军领导人的赞扬。在这严峻时刻，她大声喊道:“同学们，我们要死在一起！”只听扑通扑通几声响，王海纹和女学员上海姑娘方青萍、李馨、南通姑娘季慧、姚莲娟，一个个接连跳水殉国。从广西桂林来的《救亡日报》女记者高静，此时正藏身在岸边芦苇丛里，见“八女投河”，深受感动，挺身怒斥敌人，随后也跳水赴难。敌人见状十分恼怒，残忍地将八位女学员和高静的尸体打捞上来，一个个用刺刀挑破肚皮，暴尸田野，其惨烈之状，目不忍睹。

当天下午，前来北秦庄“围剿”的日伪军，押着六十多位被俘的鲁艺华中分院二队师生，撤回了据点。余下的一百多位师生，包括丘东平、许晴在内，共有三十多人罹难。北秦庄的老百姓一时无法筹集这么多棺木，除了丘东平、许晴，其余牺牲者的遗体都是用芦席卷起，集体安葬在北秦庄的一块稻田里。中华人民共和国成立后，建湖县人民政府已在烈士安葬地兴建了“鲁艺华中分院殉难烈士纪念碑”，同时兴建了“鲁艺华中分院殉难烈士生平陈列室”，展出了包括“八女投河”在内的所有牺牲者生平照片、遗物和史料，供后人瞻仰凭吊，千古流芳。

牺牲在赤石暴动前夜

文／周政生　袁　正

赤石暴动已经过去六十多年了，赤石暴动的组织者之一——我们的父亲周奎麟烈士英勇牺牲距今也已六十多载。

周奎麟，1924年加入中国共产党，在上海长期从事党的地下工作。1939年10月，党组织安排他到新四军军部工作。皖南事变时被俘，他被关押在上饶集中营的“军官大队”第三中队（后改编为第二中队）。

周奎麟在第三中队时，有一天，特务指导员吴承权找他个别谈话，要他承认参加新四军是错误的，他断然回绝：“我参加新四军是抗日救国，有何错误？！”几句有力的驳斥，使这个家伙狼狈不堪。

周奎麟在二中队时，与邢济民、李维贤等同志一起重建了秘密党支部，他是支部主要负责人。10月的一天，特务指导员陈国桢指使特务大施淫威，逼周奎麟“悔过自新”。但他坚定地表示无过可悔，决不“自新”。特务恼羞成怒，随即将周奎麟反绑双手，严刑拷打后，关入狱中之狱的茅家岭禁闭室。12月，周奎麟被宪兵从茅家岭押回周田村军官大队部审讯。特务换了一副嘴脸，指使叛徒赵希仲前去劝降，妄想诱使他“悔过自新”。当叛徒赵希仲喋喋不休地说“识时务者为俊杰”、“悔过自新才有光明出路”等一派胡言时，周奎麟怒不可遏，厉声斥责赵希仲：“出卖自己的灵魂，叛变革命，还当上敌人的走卒，真是可耻！”接着，他大义凛然地责问叛徒：“我参加新四军，抗日救国，有何罪？！悔何过？！自何新？！”赵希仲被骂得无地自容，无言以对。这时，特务指导员陈国桢气急败坏地吼道：“这个不识抬举的东西，给我狠狠地打！”周奎麟被打得遍体鳞伤，又被关进了禁闭室。

1942年4月，上饶集中营重新编队，周奎麟被编入“政治顽固队”第六中队。没几天，周奎麟与沈韬、陈念棣、阮世炯等又在六中队建立了秘密党支部，并任支部委员。1942年5月，为了迫使国民党妥协投降，日本侵略者沿浙赣线

赤石暴动旧址

赤石暴动烈士英名，周奎麟烈士也在其中

西侵，进犯上饶。国民党第三战区的军政机关乱作一团，向闽北大山区奔逃，并决定上饶集中营也随之转移。周奎麟和支部成员在“茅家岭暴动”胜利的巨大鼓舞下，决定第六中队在向福建转移途中，伺机举行全队大暴动。这时，警戒第六中队的两个宪兵班，有两挺机枪和十多支长短枪。周奎麟等人制订了以三位同志夺取一个敌兵的枪的计划，并暗中进行夺枪动作的练习等。为了不引起敌人的注意，决定个人不单独越狱，平时装作安心坐牢的样子，以麻痹敌人，有利于发动全队集体暴动。

6月5日，上饶集中营的被囚同志，在荷枪实弹的宪兵押送和特务监视下，开始向福建步行出发。6月6日傍晚，队伍到达铅山县石塘镇宿营。6月14日，也就是被押人员离开石塘镇的前一天深夜，大家正在熟睡，突然国民党特务和宪兵蜂拥而至，将他们认为是“顽固不化的危险分子”周奎麟、沈韬、王铁夫、唐金虎、伍国材秘密杀害。遇难前，周奎麟等高呼口号，视死如归。他们为了保护党组织的安全、保证集体暴动的成功，牺牲了宝贵的生命。

“一定要化悲痛为力量！”“一定要向敌人讨还血债！”“一定要以暴动的胜利来告慰烈士们的英灵！”第六中队的同志怀着这样的决心和信心，含着热泪，强抑悲痛，继续被敌人押解转移。愚蠢的敌人以为杀害了这五位革命烈士，就可以高枕无忧了。他们做梦也想不到的是，6月17日下午5时许，落日的余晖映照着山川，第六中队的同志们在秘密党支部的领导下，利用在赤石崇溪河渡河后的有利地形和时机，举行了暴动。一部分人牺牲，三十多人冲上了武夷山。重获自由的战友们在中共闽北特委领导下，组织抗日游击队在当地坚持斗争，后陆续重返新四军。

1952年，周奎麟殉难10周年之际，中央人民政府为其家属颁发了革命牺牲军人家属光荣纪念证，郑重指出：“周奎麟同志在革命斗争中光荣牺牲，丰功伟绩永垂不朽！”

敌后锄奸记

文 / 关克涛　李家瑞

1942年春，淮北苏皖边区行署刘瑞龙主任，向便衣大队大队长张宗华交代任务说：“在蚌埠附近的三铺发现一名特务，名叫范世璜。他原任国民党凤阳县党部书记长，在潜伏蚌埠活动时，被汪伪特务机关逮捕后投靠汪伪。汪伪将其放出，又被国民党特务机关委任为‘特派专员’。他在三铺一带搜集我军政情报，散布谣言，宣称迎接‘反共’军东进，煽动‘红枪会’反对建立人民政权，破坏抗日斗争。边区政府决定将其拘捕审查，由你们派人前去执行。”

三铺在蚌埠东，距蚌埠二十余公里，是淮河北岸一个重镇。张宗华考虑到范世璜是一个重要人物，决定亲自带领泗五灵凤县公安局侦查股长潘毅和便衣队前去执行任务。

泗五灵凤便衣队队员见张大队长来到，知道任务重要。出发时，陈绍刚指导员在动员讲话中说：“今天我们跟张大队长出发，我想简单介绍一下。张大队长是湖北省应山县人。他的哥哥早年参加了红军，在一次和白军作战中英勇牺牲。为了继承哥哥遗志，他参加了红军，那时他只有十三岁。长征到达甘肃时，在和敌人骑兵战斗中，他所在的连队担任牵制敌人大队骑兵追击的任务。前是深沟悬崖，后是敌人骑兵，敌人狂叫‘抓活的’。他抱着‘誓死不当俘虏’的决心，和连长一起纵身跳下深崖。他苏醒后，发觉自己的腿已摔断，连长已牺牲。后来，他被当地割草的农民发现，农民背他回家，经简单救治后，他历尽艰辛，辗转寻找红军，终于回到部队。”

队员们听了张大队长的事迹，深受感动，表示坚决完成任务！

张宗华、潘毅带领便衣队向西南行进，夜半时到达浍河北岸一个渡口。陈绍刚多次到过这一带，很快找到了船老大，顺利地渡过了浍河。又行进了十余公里，到达三铺附近，进入一个村庄隐蔽休息。

将近天亮时，下起毛毛细雨。潘毅冒雨东奔西走，为的是联系一个“关系”。因为“关系”外出，急得团团转。此时，张宗华在陈绍刚陪同下，走进一户人家，和那家老人交谈，向其了解情况。当提起“红枪会”的事，那老人慢吞吞地说：“‘红枪会’的成立原为的是抗日保家。去年新四军一支部队从津浦路西过来，经北边路过。‘红枪会’头头说菩萨讲的，不准新四军通过，遂包围

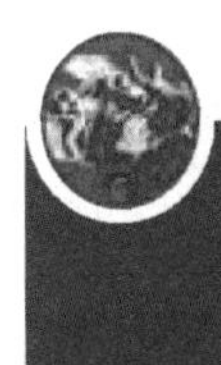

部队，逼得部队开了几枪。‘红枪会’头头号称刀枪不入，可偏偏有两个头头被子弹打中。那次三铺人没有参加，没有上当。”老人还说：“三铺有几个青年从淮北中学学习回来，正在组织抗日游击队。”后来老人又提到三铺来了个武术老师，在三浦镇“红枪会”教武术。

张宗华听了老人所说，想到所谓的“武术老师”可能就是范世璜，但不便多问。而所说“红枪会”为的是抗日保家，三铺青年正在进行抗日活动，引起他的注意。

陈绍刚向张宗华说：我家是五河东南小溪，曾经是五河“红枪会”的大本营。每次行动前，“红枪会”头头先抽签念符，菩萨说了话才能行动，根本没法打仗。

天色已经大亮，张宗华有些着急。他问潘毅：“范世璜住的地方你能不能找到？能找到的话，我们马上去。”潘毅当即说：“听说过范世璜住的大体地点。”

张宗华向潘毅和陈绍刚说：“原先打算天亮前便衣队跟我们进入三铺，现在天已大亮，部队进入三铺街，可能惊动群众，也必然会惊动范世璜，所以便衣队就地隐蔽，潘毅同志跟我去。我们两个人进街，不会引起街上行人的注意。”又提到，三铺“红枪会”的群众，原来为的是抗日保家，现在一些青年在宣传抗日，范世璜虽心怀鬼胎，也不能不说假话伪称抗日，这为我们拘捕提供了条件。但如果简单从事，可能引起群众误解，发生意外。为此，我们以边区政府的名义，请范世璜到根据地商量工作，等范世璜到根据地再打探他的底细，跟随他的“红枪会”人员也就没有理由阻拦。要特别注意，范世璜很狡猾。办法是：一见面就要逼近他，贴紧他，靠近他的身边，寸步不离。这叫一是“请”二是“盯”，敬酒罚酒都要有准备。

随即张宗华和潘毅向三铺街走去。指导员陈绍刚对他们两个人的行动不放心，回到便衣队向一个班长交代了一下，立即跟了上来。

张宗华、潘毅在前，陈绍刚在后，先后走进三铺街。三人身上穿的都是棉袍子，形似一般商人，街上无人注意。潘毅在前带路，很快找到了范世璜的住地。

潘毅走到一个有牌楼的大门口，向大门里看了看，迅速地走了进去。为了防止万一弄错地方，或者范世璜外出，边走边大声问："范先生在家吗？"张宗华也走进院子，随后跟上来的陈绍刚守在大门口。

堂屋里有人哼了一声，慢腾腾地走了出来，边伸懒腰边问："有什么事？"此人穿一身黑制服，长长的头发，长方大脸，两眼斜视着潘毅和张宗华。

张宗华判断，此人就是范世璜，便迅速走到他身旁，有礼貌地自我介绍说："我们是淮北行署派来的，请范先生到根据地商量工作。"

范世璜顿时两眼一愣，不由自主地向后退了一步。他看到对方手插在棉袍子里，显然手里有枪，当即一改先前的那个派头，惊慌地连连道："好！好！好！"

潘毅看到一切出乎意料地顺利，马上催促："那就走吧！"范世璜向大门口走了几步，接着停步发呆。可能他觉得没有搜查，又那么客气，不像逮捕他的样子，脑袋很快一晃，说："我得回屋里穿件衣服。"当即回头向堂屋走，可只走了几步，又猛抬头大声叫喊："不行，你们没有手续，这样不大合适！"看来他想让叫嚷声传到院外，惊动他的人前来解救。

正说时，陈绍刚从大门外快步走了进来，走到张宗华跟前，轻声地说："有一队人过来啦！"说完迅速走出院子。

张宗华紧紧盯住范世璜，跟在范世璜身边，对潘毅大声说："你去拿信，快点回来。告诉王营长，不要误会！"潘毅应声而去。

范世璜老奸巨猾，他听到张宗华讲的"王营长"，是指三十二团二营，说明已有部队来到。可是看看面前，只有张宗华一个人，立即谎称要进屋穿衣服。张宗华不管他说什么，仍然寸步不离。范世璜进屋，张宗华跟进。范世璜从桌子上拿烟相敬，张宗华有礼貌地谢绝。范世璜一会儿洗脸，一会儿梳头，走过来，走过去，走着走着突然推张宗华，张宗华左手一挡，范世璜感到对方力气过人，马上说："对不起，不小心，碰到了你。"就这样磨磨蹭蹭。范世璜因为被张宗华紧紧盯住，想逃逃不成，有枪没有机会往外拿，只好走出里屋。

突然，院子里一个女人喊叫："你们干什么？范世璜犯了什么法？"女人喊叫的意图是让大门外的人听见，帮范世璜脱身。果然，一群背枪的人很快围住大门口，吃惊地向院子里观望。

张宗华插在棉袍子里的右手，紧紧握住驳壳枪，一面盯住范世璜，一面对那女人大声说："边区政府派我来请范先生到根据地去商量抗日大事。范先生同意马上就去，你吵什么？"接着又说："大门口那么多人围着，如果哪个人的枪走了火，范先生生命有危险，你们要负责。"这也就告诉范世璜和那女人，如果门口有人敢开枪，这里就会开枪。那个女人听后不敢再叫了，大门口持枪的人莫名其妙，还在观望。

范世璜见大门口持枪的都是他的人，

立即向大门走去。张宗华迅速上前拦住，笑着说：“走后门近一点。”范世璜又一次摇了摇头，显出不得已的样子，慢步向后门走去。从后门走出后，张宗华发现仍有一大群持枪的人跟在后面，同时看见潘毅和陈绍刚带着便衣队从远处跑步而来。张宗华左手指着我方便衣队对范世璜说：“你看，万一发生了误会，多不好啊！”范世璜抬头看了看，被迫向跟在后面的人群挥挥手，示意叫他们回去。

范世璜被带回根据地后，交代了一些问题。我方对他非常宽待。然而他一面伪装悔过，表示要重新做人，一面策划逃跑。他利用机关干部李衡的同乡关系，抓住李衡曾在地下工作时被捕叛变，并且和他一起在南京国民党宪兵团当过宪兵的往事，对李衡威胁利诱。不久后的一个夜间，范世璜和李衡一起逃走。泗五灵凤便衣队奉命进行追捕。范世璜在淮河北岸没有立足之地，便跑到淮河南岸进行活动。便衣队曾三次渡过淮河追捕，都被他闻风逃走。

一天，范世璜蹿到大溪河附近一个亲戚家里住，夜半被狗吠惊醒，他做贼心虚，自知罪孽深重，立即爬了起来，急忙翻过院墙逃跑，跑到湖边，慌不择路，一头钻进湖水里，反倒断送了性命。

1942 年 6 月，泗五灵凤县抗日民主政府决定暂时收缴部分地方“红枪会”的枪支。泗五灵凤便衣队在三十二团一部支援下，制止了浍河两岸“红枪会”的暴动。从此抗日青年在党领导下纷纷组织起民兵队伍，建成了一支名为“浍南独立大队”的抗日武装。三铺和泗五灵凤县的淮北区成为重要的抗日根据地，并向蚌埠市郊发展。

侦察员“小广东”

文/余德锋　章志敏

1944年初冬的一个夜晚，北风呼啸，寒气袭人。新四军侦察班的战士围在火堆旁，正在商量着一件重要的事情。

“这个任务还是交给我去完成吧！”。“小广东”激昂地发完言，忘记了马上坐下来，还直挺地站在那里。战士们敬佩而激奋的目光都集中在他的身上。整个会场显得格外严肃、沉静。经过反复研究，最后大家一致同意了“小广东”的意见。

“小广东”是新四军十六旅某部一名出色的侦察员，长得矮小精悍十分机灵，因是广东人，所以大家索性不喊他的名字，而叫他“小广东”。日子一久，他的真名实姓几乎被大家忘记了。他经常化装成工人、农民或小商贩模样，活跃在敌占区——泗安、广德一带。

我新四军某部驻在浙江长兴槐坎仰峰岕。有一天，某团首长的爱人奉命去广德城探听日伪军的情况，在敌人严密戒备和多次搜查的情况下，不幸被捕。战士们得知此消息，无不焦急万分，好像万支钢针刺痛着自己的心，恨不得一举粉碎这股敌伪军，营救自己的同志。当晚他们召开了紧急会议，研究这个问题。

次日拂晓，“小广东”打扮成磨剪刀人的模样，踏着浓霜，迎着刺骨的寒风，肩挑担子，口里哼着山歌小调，往广德城进发。

傍晚，到达了目的地，他把磨剪刀的担子寄放在一老百姓的家里，独个儿到日伪军营房门口做了一番侦察，暗暗记住它的位置，并打听被捕同志的下落……

第二天上午，“小广东”口里吆喝着“磨剪刀，磨剪刀”在日伪军营门口打转。忽然，里面跑出来一个穿旗袍、高跟鞋，嘴唇涂得红里带紫的中年妇女，大概是个伪军官太太。她手里拿着一把剪指甲的小剪刀，要“小广东”替她磨一下。“小广东”笑嘻嘻地迎上去。“小姐，您这把剪刀我保证把它磨得锋利雪亮。”“好的，那你把担子挑进来点吧，里面风小暖和些。”她把垂挂下来的围巾紧紧地往脖子上裹了裹。“小广东”便把担子卸了下来。他那双炯炯发光的眼睛迅速向房屋四周巡视了一下，只见厅堂正中放着一张八仙桌，四个日伪军官在打麻将，大厅的右侧有一栅栏门，隐约地看到里面关着一个披头散发的妇女。“这莫非就是我要营救的同志？”“小广东”手里使劲地磨着剪刀，脑子里却在紧张地思索着：“当此紧要关头，如何下手？”那个“小姐”等得不耐烦了，便走到门外与那个站岗的伪军小伙子搭讪去了。

“小广东”急中生智，手里拿一把已磨好的剪刀，以拿工钱为名，走进厅堂。坐在厅堂正中面孔朝外的一个翘胡子日伪军官正和倒了一门“青三段”，皱起眉头在算“和数”，接着得意地吸了一口烟，喷出浓浓的烟气。被关在栅栏门内的妇女，看到自己的同志，连忙使了一个眼色。“小广东”也机警地用眼神向她打了一个招呼。说时迟那时快，“小广东”从腰间取出驳壳枪，对准四个日伪军官大声地说：“不许动！”日伪军官们一时摸不着头脑立即乖乖地把双手举起，吓得呆若木鸡。“小广东”命令他们离开座位，同时命令其中一个军官，放出那位女同志，然后搜缴了他们身上和抽屉里的武器。为了便于行动，他从伪军身上脱下一套军装穿在自己身上，将这四个敌人像缚小鸡一样捆了个结结实实，嘴里塞了东西，一起关进栅栏门内。然后，“小广东”手提驳壳枪押着这位妇女大模大样地走出了营部，哨兵还向他行了军礼。

那个伪军官太太在门外和哨兵调笑一会儿以后，忽然想起了那把剪刀，便跑进屋里。屋内寂静无声，不见人影，只剩下一副磨剪刀的担子和一桌子的麻将牌，她跑到里面仔细一看，发现栅栏门里面捆着四个人。她吓得面如土色，“哇哇”地惊叫起来，拔脚就往外跑，大声喊道：“不好了，营部出事情了！”这天是星期天，日伪军们都上街去闲逛了，门口只剩一个哨兵。没办法，她只好跑到办公室向团部打电话。

一会儿，警笛声、哨子声和脚步声闹成一片，鸡飞狗跳，人心惶惶。

此时“小广东”和被营救的女同志已顺利出了广德城，绕着弯弯曲曲的羊肠小道，向东北方向快速前进，隐约地听见远处传来几声枪声。

我们那位被捕的女同志，已将敌人据点的情况摸得一清二楚。“小广东”和她带着这些情报安全地回到了部队驻地。

严惩汉奸刘永贵

文/高　杰

安徽省宿州市埇桥区永安镇，过去叫宿县道庄孜集。抗战时期，这里驻有日本汉奸刘永贵一个团的伪军，群众叫他“二鬼子”。他长期盘踞在道庄孜，搜刮民财，鱼肉百姓，奸淫烧杀，无恶不作，群众恨之入骨。

刘永贵是原宿县东北段庄孜人，日军侵占宿县后，他纠集一批土匪、地痞、劣绅，拉起了队伍，投靠日军，当上了汉奸团长，被派到泗县青阳镇据点。1941年2月，我新四军第三师九旅，在张爱萍旅长亲自指挥下，由二十七团团长赵汇川率部一举打下了青阳镇，歼灭日伪军五百余人，但汉奸团长刘永贵在我军攻打青阳镇前一天却去了宿县，成了漏网之鱼。后来他收罗了若干残兵，又投靠了驻宿县时村镇的日伪苏淮特区保安司令部淮北剿匪支队司令胡泽普，被封为汉奸团长，驻守重镇道庄孜集。从此，刘永贵在这里招兵买马，扩充势力，到1945年日本投降时，已发展伪军三个大队，一个骑兵营，共一千多人。

刘匪驻道庄孜集后，整日向当地群众派款、要粮、抓丁，敲诈勒索。当地民谣歌：刘永贵，进村庄，先牵牛，后拉羊，翻箱柜，拿衣裳，见了钱，腰里装，临走还抢“花姑娘”。有一次刘匪队伍蹿到大许家“扫荡”，遭我三区游击队袭击，由于敌众我寡，我方在撤退时有三位战士牺牲，战士的尸体未能运走，刘匪竟惨无人道地将我烈士的头割下，在道庄孜集游街示众。还有一次，刘匪抓到一个共产党员，为了立功，就把他送到宿县城里交给日军。走到半路上，我们的勇士拉响了伪军身上的手榴弹，炸伤了几个伪军，但他在跑了几百米后又被抓回。刘永贵竟下令将这位勇士的肝胆挖出来，叫人捧着游街示众，并一路鸣锣狂喊。

1945年8月15日，日本战败投降。汉奸刘永贵却负隅抵抗，拒绝投降。10月初，新四军四师十二旅旅长饶子健命令三十六团攻打道庄孜，消灭刘永贵部。在团长顾寒星、政委孙朝旭率领下，我军从灵璧县东北菠林子出发，急行军百余里，当夜抵达道庄孜，包围了刘匪据点。那时，新四军还没有重武器，很难摧毁敌碉堡、炮楼、围墙，就边用火力封锁敌人，边挖坑道前进。一天一夜后，东北角和西门的两条坑道都靠近了敌围壕。新四军战士不断向敌人喊话，叫他们认清形势，放下武器，缴械投降。敌

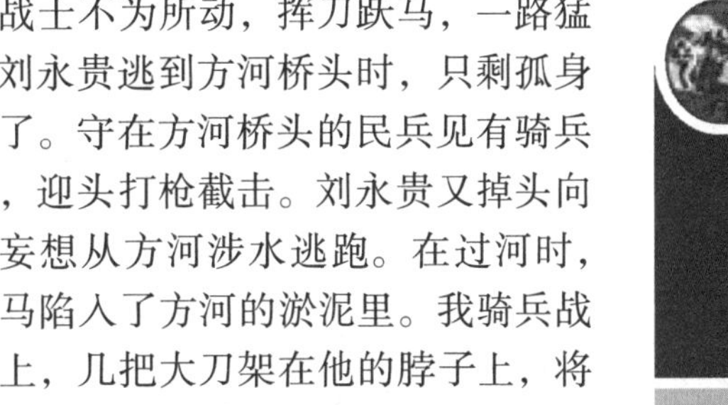

人不但不听，反而疯狂向我射击，继续顽抗。10月6日晚，团部一声令下，枪炮齐鸣，杀声震耳。三营迅速用高粱秸填平围壕；埋伏在内线的班长王怀章打开角门接应。战友们迅速越过围壕，登上围墙，冲进围里，与敌人展开巷战。敌人吓得晕头转向，有的投降，有的龟缩在碉堡里不敢出来。炮楼上伪军团部的敌人还在作垂死挣扎。为了迅速解决战斗，营部命令五连组织爆破，在轻重机枪的掩护下，我爆破手冲上去，瞬间一声巨响，炮楼被炸塌。二营战士乘机冲进敌团部。汉奸刘永贵见大势已去，带着二三十个骑兵向北逃窜，在逃跑的路上不断扔撒银圆，诱我战士捡拾。新四军战士不为所动，挥刀跃马，一路猛追。刘永贵逃到方河桥头时，只剩孤身一人了。守在方河桥头的民兵见有骑兵逃来，迎头打枪截击。刘永贵又掉头向西，妄想从方河涉水逃跑。在过河时，他的马陷入了方河的淤泥里。我骑兵战士赶上，几把大刀架在他的脖子上，将他活捉。

当地人民政府应广大群众要求，于当年11月下旬的一天，将罪大恶极的汉奸刘永贵押到受他残害最重的游击区——路町集，召开万人大会，经公开审判，将刘永贵判处死刑，立即执行。除此大害，平了民愤，群众无不拍手称快。

我缴获四支冲锋枪

文/王　荣

1947年，我参加孟良崮战役时年仅十七岁。在华东野战军六纵队十八旅五十三团二营四连担任通信员。战争年代，连部的通信员要比班排战士跑的路要多。孟良崮战役前夕，我们连从山东博山附近一个有二十多户人家的山村——李家峪出发，寻机歼敌。为了在打仗时完成战时通信任务，出发前夕我准备了四双鞋。沂蒙山区均系石子路，战斗结束时，四双鞋底都已磨穿，我基本上已打赤足了。

为了集中兵力寻机歼敌，部队在沂水、蒙阴、莒县、新泰之间与敌人展开了拉锯战，几乎天天行军打仗。5月初，我们部队在泗水县卞桥遇敌，打了一次遭遇战后，转敌后鲁南新泰县（今新泰市）羊流镇附近的白彦地区隐蔽，待机歼敌。很快接到围歼美式装备的国民党“王牌军”整编七十四师的战斗任务，当时我们部队距离敌人七十四师有一百二十公里，要在两天之内急行军到达，并完成堵击敌人唯一退路，打下垛庄。任务之艰巨，困难之大，可想而知！当听说要打七十四师，部队战斗情绪高昂，大伙纷纷下定决心：要为两次保卫涟水战斗中，因抗击七十四师而牺牲的战友报仇！

5月12日下午，我们部队向垛庄方向急行军，我连担任全团的开路先锋——前卫侦察连任务。下午一时后，在连长张峰、指导员高翔同志率领下，从白彦地区李庄出发，昼夜兼程，边打边走，沿途先后遭到国民党地方武装和还乡团五次袭击阻挠，均被我连打败，并缴获部分武器。我连在这种极端困难的情况下，从12日下午一时到14日凌晨，跑完了一百二十公里路程，提前八小时到达垛庄以南彭家岚子村，刚进村即迎头和国民党二十五师一个连打了一次遭遇战。我们连先敌开火，展开战斗，在连长张峰指挥下，迅速对敌出击，连长令我立即给二排传达命令，要他们排沿沙河的右侧包抄过去消灭敌人。我迅速跑步前往二排传达了连长命令后，立即参加二排的出击。经过十余分钟的激烈战斗，敌人在沙河内丢下数具尸体退去。我们乘胜猛追，占领了垛庄西南、岱山西侧无名高地，坚守在已占领的阵地上达十二小时之多，直到下午5时全团整个战斗部队到达为止。

战斗结束，英雄凯旋

15日0时后，一、二营迅速发起对垛庄之敌的攻击，全歼守敌，占领了垛庄。切断了敌七十四师唯一的退路。

我连于16日拂晓前领受攻占芦山制高点突击队的任务。拂晓发起进攻，我们攻了上去，敌人以密集的队形居高临下反击下来。战斗之惨烈程度是我亲身参加数十次战斗所罕见的。我连从拂晓开始近敌攻击到中午11时左右，仅占了山的棱线部分阵地，付出了一定的伤亡。连长张峰负重伤被抬了下去，由指导员高翔指挥部队，继续完成攻占制高点——芦山的任务。下午1时左右，指导员令我到最前沿联络突击排，要他们连续对敌制高点阵地发起进攻。当时敌人居高临下，又是白天，我联络突击排的路线面临敌三面火力的封锁。我冒着敌人密集炮火的封锁，利用山地的地形死角匍匐前进。突然一发炮弹在我附近爆炸，弹片击中了我的面部左腮，鲜血直流昏迷了过去。当我清醒后，作了简单包扎，想起联络突击排的任务还未完成，再大的困难也要克服，定要实现战斗前的誓言："誓为两次保卫涟水战斗中牺牲的战友报仇！"我忍着伤口疼痛，利用地形，隐蔽前进，终于联络上了担任突击排的三排。我向三排排长传达了指导员命令。他随即命令八班向制高点突击，我也随突击班一起冲了上去。在短兵相接的情况下，敌人反扑未能得逞，我不顾一切用手上的冲锋枪猛力射击，高喊"缴枪不杀"，当场活捉了四名敌军，并缴获了四支冲锋枪。为孟良崮战役的胜利尽了自己的一份力量。

六十多年前的往事，至今难以磨灭。除了给我的左腮留下了伤痕和弹片外，回想当年我们军队不畏艰险，飞兵奔袭，英勇作战，那种压倒一切敌人的英雄气概和夺取胜利的精神，不论是在战争年代，还是在建设时期，都永远激励着我不断前进。

七十四师被歼灭的地方——孟良崮

1947年5月11日，进攻山东之国民党军主力自汤头、蒙阴、新泰、莱芜之线向北、向东进犯。其中第一兵团之整编第七十四师自垛庄地区北犯坦埠。我军以四倍于敌的绝对优势兵力对敌实施中央突破，逼敌整编第七十四师收缩在孟良崮及其以北的狭小地区。5月16日，我军向孟良崮之敌发动连续攻击，歼灭了敌自诩为"五大主力"之一的整编第七十四师及整编第八十三师一个团共三万二千余人，击毙师长张灵甫。

一元抗币交党费

文/秦　明

1942年深秋，我在新四军盐阜文工团工作。我团的团员大部分是青年学生，很多都是从上海来的爱国青年，他们在上海地下党的帮助下，通过日军的重重封锁线，来到苏北参加新四军抗日。

一个星期天，文工团放假，很多同志去七里外的小陈集赶集。上海来的同志不知道什么叫赶集，出于好奇，都去赶集了。我身上无钱，也没有什么可买的，就在宿舍里背诵准备演出的话剧《新中国母亲》的台词，顺便洗洗衣服。下午我出去散步，见到隔壁一位老大娘坐在那里唉声叹气，我就问大娘："你老人家叹什么气呀？"她说："儿子不在家，早上邻居们帮忙把刚收下来的黄豆弄到场上晒，现在黄豆已晒干，可西边出现乌云了。我是小脚，弄不动，正发愁呢。"我说："大娘，不要紧，今天正好放假，我帮你收豆子。"我在家时干过农活，所以非常在行，我立即把场上的豆子扫拢，正好有风，就把豆子扬起来，尘土随风飘走了，干净的豆子扫拢来。大娘拿来麻袋，撑着麻袋口，两人合作。我把豆子装进麻袋，一袋袋帮她背回家。我一共背了十一袋豆子放回大娘家，大娘感谢不已。

回到宿舍，拿了换洗衣服，到池塘把衣服一洗，顺便在池塘中游泳一番，回到宿舍晾好衣服，我便躺在床上休息。忽听西边雷声隆隆，天空黑云翻滚，然

“抗币”

抗日战争期间，中国共产党领导下的各抗日根据地为发展经济，曾发行过在本根据地内流通的货币，这些货币被称为“抗币”。

后下起了大雨，我心里真替老大娘高兴。正在这时，大娘母子俩打着伞到我宿舍里来了，一个劲儿地感谢，老大娘还拼命往我衣服口袋里塞东西。我一看是一元钱的抗币。那时为了对敌斗争，我们盐阜区民主政府发行了钞票，老百姓称为抗币，简称“大抗”。我赶忙推掉，再三不要，好说歹说总算把大娘劝走。

没过几天，日军大“扫荡”，我新四军盐阜文工团奉命化整为零，我和团长邓野、指导员朱茵一起分配去射阳县。县委当即派我到草堰口子（属射阳县三区）担任区队文化教员。我迅速整理行装，轻装上阵，突然发现背包里有一元钱的“大抗”，原来是老大娘和她的儿子趁我不注意时，悄悄塞到我的行装里。这时老百姓和部队积极备战，一些机关也已疏散，这一元钱退回老大娘已不可能了。我立即向团长和指导员说明了情况。指导员说：“老百姓送给你的，你就先留着吧。”我说：“不行，要遵守《三大纪律八项注意》，我决不拿老百姓的东西，我交党费吧！”指导员说：“好！”收下了我这笔特殊的党费，我非常高兴。这一元钱也体现了我党我军的优良作风。团长、指导员对我进行了表扬。我是1942年5月入党的，我一直为这军民共交一元抗币的党费而感到自豪和光荣。

“三〇三”首长让补种小麦

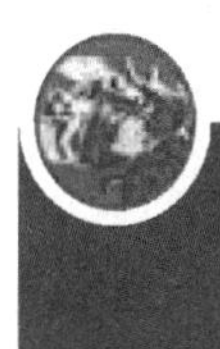

供稿 / 盱眙县政协文史委

1943年初冬，小麦刚种下，正是麦芽钻土的时候，我们黄花塘村头有块麦田被人们踩出了一条小路。都是些什么人踩的呢？当时没有人看见。有一天，新四军的一个战士也从这条路上经过，正巧被“三〇三”首长看见了。由于新四军到黄花塘时间不长，首长啊，战士啊，老百姓不甚了解，当时也不知道这个“三〇三”首长是哪一级干部，只看他个子大，很有气派。

“喂，站住！”“三〇三”首长一喊，那个战士就站住了。

“你叫什么名字？”

那个战士敬了个礼，回答了“三〇三”。

“眼看着大路不走，非去踩麦子，群众观念哪里去了？”“三〇三”首长批评起来，越讲越严肃，越讲声音越大，嗓子像铜钟似的。被批评的那个战士一动也不动地站在那里，连声表示承认错误。不了解情况的人，真估不透这个战士犯了多大的错误呢。

“光承认错误还不行，要改正，要把踩出的小路挖掉，再补种上麦子，季节不饶人嘛！”

这时，正在田里干活的老百姓也赶来了，“三〇三”首长对大家说：“乡亲们，你们以后监督着喽，看到当兵的踩你们的庄稼，哪怕是一棵，也要告诉我。”也不知是哪个打抱不平说：“‘三〇三’首长，这小路不是新四军踩的！”

“好了，你们不用再讲情了，我明明看到他踩的嘛，犯了错误可不能迁就哟！”一句话说得大家无言可答。

“三〇三”首长走后，大家你一言我一语地议论开了，这个说：“不就踩出几个脚印吗？这个‘三〇三’首长也太认真了。”那个说：“新四军首长都是这样爱护我们老百姓的利益，我们更应该加倍爱护新四军啊！”说着，挖的挖，刨的刨，种的种，一会儿工夫，小路被重新种上了麦子。

从那以后，无论是新四军还是老百姓，再也没有一个人抄小路踩庄稼了。

后来大家才知道，这个办事认真的“三〇三”首长，是新四军代军长陈毅同志。

黄花塘新四军军部纪念馆

负伤以后

文 / 徐云景

1947 年春节刚过，我军在盐城与敌人展开了激烈的保卫战。

一天傍晚，一枚炮弹炸伤了我的左手，左大腿也被弹皮擦伤。卫生员立即帮我包扎了一下，随即把我背到前线临时医院。一夜过后，等我醒来，我发现我的左手掌被切除了三分之一，还切除了两根手指。早饭时，卫生员端了一碗粥给我，刚吃完粥，就来了命令，令我们立即转移。

我们大概有二三十名轻伤员和两名卫生员，一起夹在大军中，紧急向北转移。一连走了两天两夜，由于情况紧急，在急行军途中，我的伤口没有得到及时换药，左手肿得像个大馒头。接着我的步子也越跨越小，后来竟连跨过一个小坑也困难，嘴也张不大了。卫生员发现我这样子，就让我上了担架。两个卫生员商量了一下，写了一张纸条，还从药箱里拿出了一包比香烟盒大一些的纸包给我，并用手比画着交代我：“一次两调羹，泡一碗充饥，这些分两天吃。”当时我不知道是什么东西，后来才知道那是奶粉。

我拿了纸条，抬担架的老乡开始把我往后方送。抬担架的共有三个老乡，其中一个是负责人，都来自附近县，他们出来支前已有二十多天了。自带行李、口粮，跟着大军运粮食、弹药，有伤员就运伤员。

走了半天，已近傍晚，我们来到一个村子，问到了要找的那个医院。天哪，这哪儿是医院？那不过是一个分散了的医疗小组。组里只有五个人——两个医生和三个护士。

我把纸条给了一个年龄较大的女医生，她看了我的纸条，一面叫一个护士给我换了药，一面吩咐请村干部来。

不一会儿，村干部来了。女医生向村干部交代了几句，就让人把我抬着走。走了两三里路，在一户人家门口停了下来。村干部朝里喊道：“杨大婶，在家吗？”“哎！哎……”屋里连声答应，接着从屋里走出一个大约四五十岁的大娘，后面还跟着一个十三四岁的男孩。村干部指着躺在担架上的我，说道：“他是我们的子弟兵，要住在你家里养伤，麻烦你好好照顾……”大娘听着，只是“嗯，嗯”地点头。村干部走了，她立即到门外抱了两捆稻草铺在堂前屋的空床上。抬担架的老乡把我抱到刚铺好的床上，招呼我说：“你好好养伤，我们走了……”

不一会儿，来了两个农村打扮的姑

娘，问了我的情况后，就给我打了一针，并关照大娘，有事就叫她们。原来她们是医院里的护士。大娘家共有三人，丈夫去支前多天了，那个小男孩是他们的儿子。

住下后，我的病情加重了，嘴越来越张不开，连讲话、喝水都很困难，同时后脊梁不断抽搐，每抽搐一次，总哇哇大叫，痛得实在厉害。走路也困难，大小便都是大婶的儿子扶我去茅坑。奶粉吃完后，大娘就熬玉米汤喂我喝。夜里一有动静，她就起来问我哪里不好，要不要叫医生来。在这里我感到了亲人般的温暖。

这里离敌占区不到二十里地，敌人经常下乡袭扰。一天上午，村边枪声大作。不一会儿来了三四个民兵，二话不说，抱我上了担架，抬着就走。抬出村外三四里地开外的一个乱坟地里藏了起来。这样的情况后来有过三四次。

经过十几天的治疗和大娘的精心照料，我觉得好了很多，背脊不抽筋了，能吃一点玉米粥、山芋，还能下床走走。大娘还常烙个玉米饼，到地里拔些新鲜的蔬菜炒了给我吃，而他们自己只吃些玉米粥。一个民兵还曾拎来一条足有二斤多重的黑鱼，送给我熬汤吃。他说是挖塘泥挖到的，给我补补身子。

一天，来了两个护士，叫我去医疗组打针。一到医疗组，那个女医生就问："你好些了吗？"我说："我好多了！""那好，现在给你多打些药水。"她拿来一个里边装着满满药水的粗大针筒，和一个护士一起开始给我打药水。药水打得很慢，十几分钟才打进三分之二。医生边打针边说："如果不舒服就讲。"又过了几分钟，我说我头有些晕。

她立即拔出针头，让我躺下休息。

过了一会儿，我觉得好了一些，就问："我得的是什么病啊？"她答道："你呀，你这个病十个要死十个的！"我听了大吃一惊："啊！那我是第十一个，所以没有死！"接着她说道："你得的是破伤风，这病在现在的医疗条件下，是难以治好的，你的命真大啊！"

我们一共十几名伤员住在附近几个村子，就全靠这个医疗小组给我们治疗。在此我们住了半个多月，敌人似乎有所察觉，于是上级通知我们转移到另一个人烟稀少的海边村庄。在那里我们又住了一个多月，大部分伤员都已痊愈并陆续归队。我的伤势也恢复得较快，只是左手剩下的三根手指动作不灵活。而此时我们的部队——皮旅，早已转移到山东孟良崮地区，此时，已是1947年春暖花开的季节了。

一天，我接到上级通知，要我到苏中公学（后改为华中公学）的侦察通信排工作。

六十多年前的往事，常常在我脑海里萦绕，担架队员和杨大娘一家如今可好？我终生难忘他们的救命之恩！我们革命军人和老区老百姓真是鱼水情深啊！

救命的好妈妈

文 / 邵挺亚

1947 年，华中军区后勤部转移到山东胶东半岛，我被调到烟台警备三团三营工作。撤出烟台时，西边的山头已被敌人占领，我们在朦朦胧胧的月光下，从山沟里转移到安全地区。

深秋的一个夜里，侯副营长带着我们去领冬装，途中我不慎跌落到一个深山沟里，晕了过去。副营长要大家解开绑带，吊下两位战友，在山沟的乱石中找到了我。两位战友用绑带把我牵拉上来，发现我呼吸微弱。咋办？没有医院可送，没有后方可休养，更不能抬着行军。副营长找到当地的地下党组织，把我安排在一位大婶家。当时胶东大小城镇和主要交通线全都被敌人占领，这个村子，也派上了保长和保安。他们宣布，凡私通八路军的，轻则没收财产、罚款，重则杀头。倘若发现暗藏八路军伤员，更是性命难保。这位大婶是老党员，她和儿子明明、媳妇秀秀三个人分工：她专门负责看护我和我的食宿；明明负责与外界联系和家中的活计；秀秀在大院门外站岗望风。她对儿子和媳妇说：“天亮后，你俩把院子里的麦草和玉米秸搭个草垛，掏出一个洞，有危险信号，我就把小同志送到草堆洞中藏起来。”

第二天，我仍然昏睡。大婶常俯在我鼻子上听听呼吸声，每听一次，她就叹气说：“什么时候能醒来？”明明和秀秀劝解大婶说：“娘，别着急，弟弟会好的，你看他的脸色没有变，又能呼吸，只要养养神会慢慢好起来的！”“话是这么说，可我放不下心哪！”大婶眼泪汪汪地说。

到第四天早晨，大婶发现我的嘴唇和眼皮能动了，她忙叫秀秀煨小米粥。在大婶的精心护理下，我能一勺一勺地喝粥了。大婶一边喂，一边说：“好乖乖，张开嘴。烫吗？”我摇摇头。“慢慢喝，多吃点，几天没东西下肚，谁受得了啊！”大婶的声音里充满了母爱。我能起身下炕时，大婶再三叮嘱我：“不准

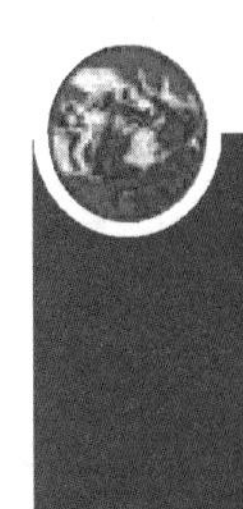

出院子的大门，也不能大声说话，一旦有情况，赶快钻草垛，千万马虎不得！”

有一次，真是出了险情。保长带着两个手下搜查邻家之后，秀秀灵机一动，主动招呼道：“保长有空来我家看看！”保长径直走了进来，可一切准备工作早已做得有条不紊，没留下半点破绽。他们在家里转了两圈没找到可疑点，就走了，而且再也没来过。

第七天的傍晚，侯副营长与卫生员打扮成农民的模样找来了，决定在当晚带我回部队。大婶一定要我再休养几天。我上前一步，双腿跪在大婶面前，泣不成声地说：“妈妈，你是我的好妈妈，是我的亲娘！”大婶的泪落在我的头上，双手抚着我的双肩说：“好儿子，娘不留你，待胜利后回家来看看娘！”

1950 年初，我的工作和住址稳定下来之后，想起救我命的娘，但当时没有留下地址和姓名，我就给那个地区的政府一连写了十几封信，但始终没有找着娘。每忆及此，痛心不已！

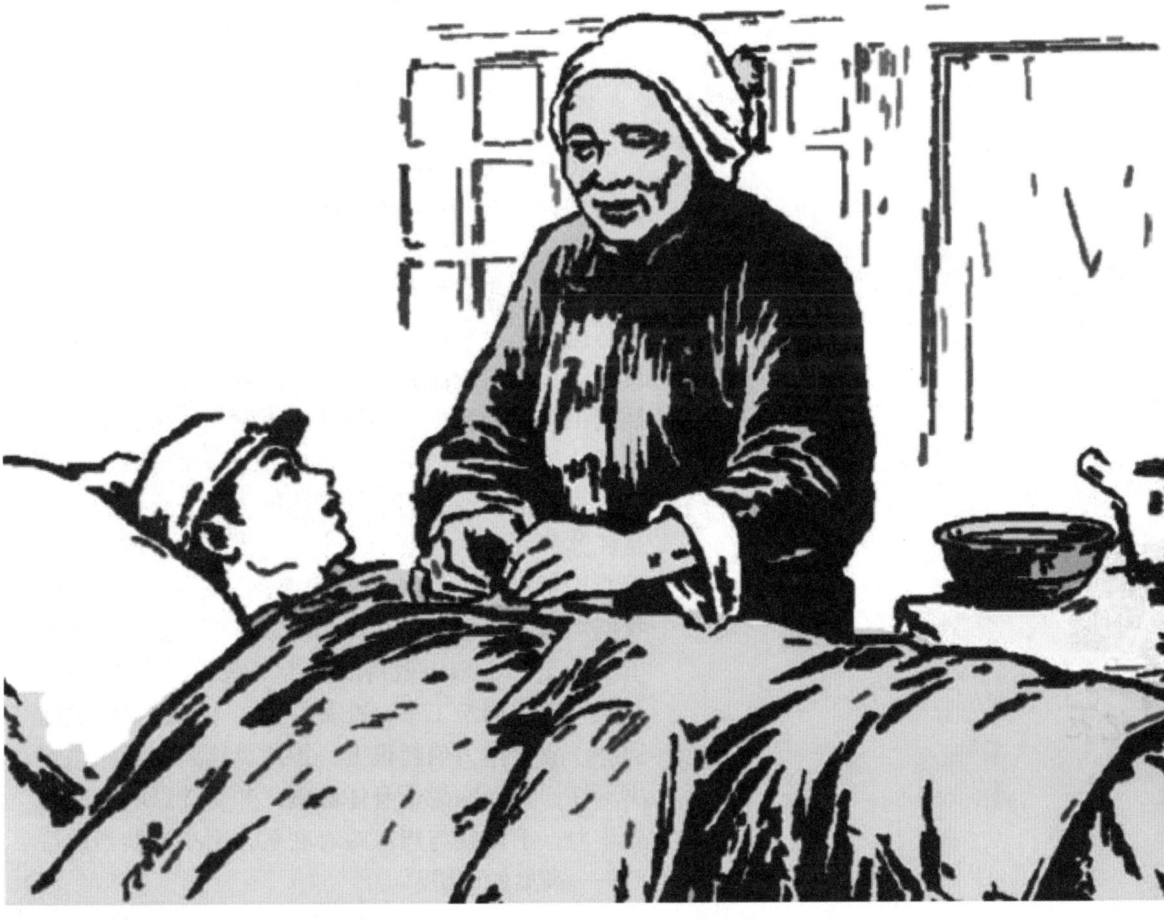

煎饼情浓

文 / 徐寿鹏

我对煎饼有一种特殊的感情，每当吃到山东煎饼，就回想起1948年夏季在山东沂蒙山区吃煎饼的往事。

当时，我们华东野战军十二纵队，在兄弟十一纵队掩护下，从苏北盐阜地区出发，将国民党军黄百韬等兵团沿陇海路封锁线上撕开了几个口子，穿插到山东境内，进驻临沂地区沂蒙山一带，配合兄弟部队攻打济南，阻击黄百韬、邱清泉等兵团对济南守军的增援。我们十二纵队绝大部分干部、战士是江苏苏北人，习惯于吃大米。当时临沂地区供应给我们部队的是当地最好的粮食——小米。可是，我们部队的炊事员不会做小米饭，更不会淘净小米里的沙子，小米饭做得既夹生又有沙，很难下咽。部队一面在构筑工事，准备打援，一面在抓紧战前训练，战士体力消耗很大。指挥员感到吃饭问题解决不好，将影响战士身体健康，并直接影响部队的战斗力，于是就与当地政府联系，用小米换当地特产——高粱面煎饼。

《沂蒙红嫂》电视剧剧照：沂蒙红嫂做煎饼

我们部队驻在临沂地区费县山村里，这里是革命老区，群众觉悟高，具有拥军支前的光荣传统，抗战时期，曾涌现过用自己乳汁喂养我军伤员的沂蒙红嫂。当她们听说给驻军加工煎饼，便踊跃报名参加。虽然老乡们生活很贫困，有的吃上顿愁下顿，但仍千方百计拿出高粱加工成粉。山区缺水，为解决加工煎饼用水问题，要到一二里外的沙河拉水。加工煎饼的房子条件很差，是用石块砌起来的，非常低矮，有的矮得人进屋都不能直起身子；窗子很小，家家户户屋顶上都没有烟囱，烧饭冒出的烟在屋里转，很难排出屋外，加之又是酷热的夏天，大批量加工煎饼不是件容易的事。但任何困难都难不住沂蒙人：红嫂们先把平底锅烧热，用油布在锅底一抹，然后用勺子把搅拌好的高粱面倒在锅上，用铁刮子一旋转，然后再一挑，一块煎饼就好了。就这样，她们一个人一天能为部队加工上百斤煎饼。这可苦坏了红嫂们，加工煎饼时，她们闷热得喘不过气，汗水直往下流。由于她们的辛苦劳动，为我们解决了吃饭的大问题。我们也都学会了用煎饼卷大葱，吃起来香、脆，还甜呢。我们的干部、战士吃得饱吃得好，保证了部队的战斗力。我们从苏北到山东是为了打援的，可国民党军黄、邱兵团慑于我军威力，未敢出动援兵解济南之围，眼睁睁地看着济南守军王耀武兵团被我军吃掉。

济南解放后，我们又背着沂蒙高粱煎饼挥师南下，首先完成了对国民党黄百韬兵团的包围任务，揭开了伟大的淮海战役胜利的序幕。所以，从某种意义上说，煎饼也是一种战斗力。事实证明，人民军队扎根于人民群众之中，有人民群众的支持，就无往而不胜。

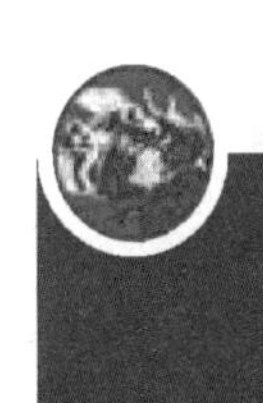

他们像《红灯记》中的英雄

文/王炳炀

1953年的四五月份，我们部队进驻朝鲜元山郡木东里（音译）。这木东里是一个在大山沟中的小山村，原本有二三十户人家，但在侵略者的战火下，它也不能幸免，当时村里只剩下五六栋勉强可以住人的小平屋，和山坡上大大小小的猫耳洞（驻军的山洞）。全村老少死的死，逃的逃，剩下二十来人。我们连部就住进一户三口之家的小屋。外间是我们住，里间住着一个二十多岁的阿芝嬷妮（大嫂）。

大嫂带着一个不满周岁的小男孩和一个十一二岁的小姑娘。渐渐地我们相互熟悉起来，空闲时我们就向她们学习一些简单的朝鲜语，她们也跟我们学一些汉语。大嫂告诉我们：这里部队来往很频繁，一般都住不了很久，就出发去打仗。有一天，我们无意中问起了她的家庭情况和身世，这一下勾起了她痛苦的回忆：原来这三口不是一家人，大嫂是杨德城里人。杨德原有十多万居民。自从战争爆发后，杨德就成了向东线运送粮食弹药的重要通道，铁路公路交叉通过，是极其险要的瓶颈之地。美军妄想用绞杀战（二十四小时不间断地狂轰滥炸）来掐断我方的补给线。整个城市仅存一些残垣断壁，再也见不到一间完好的房子。全朝鲜从十六岁到六十岁无残疾的男性公民，都应征加入了人民军。大嫂的公公和丈夫也不例外，这一去就杳无音信。婆婆和待字闺中的小姑被炸死了，她只身一人背井离乡，漂泊到了这个小山村。这栋小屋的主人早已不知去向，于是她就成了这两间小屋的新主人。小姑娘的家是在“三八线”附近的一个小村庄，全村约有一百多人。1950年寒冬的一天，敌人向“三八线”撤退时，把全村老弱妇孺都集中到村边的一块空地上进行了惨无人道的屠杀。她人小，躲在妈妈的身后，是妈妈的身体挡住了敌人的机枪子弹，救了她一命。她是这次大屠杀中全村唯一的幸存者。她向着远离枪炮声的大山里逃啊逃，一路上遇到了不少的美国大兵，只因她当时还是一个八九岁的小女孩，没引起敌人的注意。后来到了木东里，被这位大嫂收留了。小男孩是在半年前，由一位志愿军的指导员在行军路上，从一间被炸毁的房子中抢救出来的婴儿。指导员就把这孤儿托付给这位大嫂抚养。她们一边用手比画着，哭泣着，一边用朝鲜语夹杂着汉语向我们讲述。我们真后悔，不该多嘴。她们一家三口，真像《红灯记》中的英雄人物！我们赶忙抚慰她们"莫哭！莫哭"，用铜脸盆（朝鲜人民都用黄铜制作器皿）盛了水，又把舀水的葫芦瓢放在水上，用筷子轻轻地敲打水瓢，发出咚咚咚的铜鼓声，要她们唱歌。大嫂和小姑娘很快擦干眼泪，唱起了《春之歌》《布谷鸟》《拖拉机》等民歌。我们也唱了《志愿军战歌》和刚学会的朝鲜语的《金日成将军之歌》。从此，我们再也不敢向她们提起往事。

1953年6月，美军驻朝司令官迟迟不愿在朝鲜停战协议上签字。7月6日下午，我们突然接到命令，晚上出发。大家都忙着打背包，整理行装。大嫂她们只在一旁静静地看着，一声不吭，也不询问我们要干什么，可能她们早已习惯了部队的调动。晚饭后，大嫂没有像往日那样早早地睡觉，她抱着孩子，姑娘偎依在她的身旁，默默地站在房门口看着。队伍出发了，她们慢慢地挥动着手臂，嘴里喃喃地念叨着什么，好像是在祝福我们。

7月13日，夏季中线反击战（金城战役）打响了。我们和兄弟部队一起胜利完成了上级交给我们的吸引和牵制敌人大量火炮和主力的任务，打好了反击281•2高地这一仗。整个战斗进行得异常艰苦。战斗后我连剩下的兵力已不足一个排。在返回木东里的路上，我们只想早一点把战斗的壮烈情景告诉那位朝鲜大嫂。可是一到驻地，映入眼帘的是满目疮痍，几栋小屋全没了，到处散落着烧煳了的木头和衣物，地面上布满了重重叠叠的炸弹坑。迎接我们的是两位阿嬷妮（大娘）和三位哈拉嬷妮（奶奶）。她们告诉我们：在我们部队出发的第二天，大批的敌机就对村子进行了地毯式的轰炸。等敌机走了，她们把伤员送到团卫生连留守处抢救，把罹难者遗体从废墟中挖出来安葬。老大娘们没有哭泣，她们已经历了太多太多的苦难，她们的眼泪早已流干了。我们的房东一家都葬身在瓦砾中，遗体就安葬在附近的山坡上，坟前没有墓碑，也没有标志物，只有一个个新增的黄土包。我们采摘了一些金达莱（朝鲜山上的野花）在每个坟前献上一束，然后又默默地行上一个军礼。

7月25日，金城战役胜利结束，共计歼敌两万六千余人，攻占敌阵地一百四十余平方公里。

7月27日早晨，上级从电话里通知我们：停战协议签字了！克拉克终于成了美国自开国以来第一个在没有取得任何胜利的停战协议上签字的将军。朝鲜战争终于结束了！这天天气真好！湛蓝湛蓝的天空，飘着几朵白云，宁静极了！这是自朝鲜战争爆发以来，第一次没有敌机的骚扰。我们顾不上庆祝，大家默默地加倍工作，努力地为朝鲜人民清理废墟，以表达我们对朝鲜军民的兄弟情谊，和寄托我们对死难房东的哀思。